「やりたいこと」がわからない人たちへ

人生にとって「仕事」とは何か？

鷲田小彌太

PHP文庫

○本表紙図柄＝ロゼッタ・ストーン（大英博物館蔵）
○本表紙デザイン＋紋章＝上田晃郷

まえがき

若い人を見ると、いかにも頼りなく、危なっかしい。これはいつの時代にも共通した感情だろう。

ちなみに自分の若いときのことを思い返してみるといい。なんて頼りなく、危なっかしかったことか、と思われないだろうか？　特にだれかにおぶさったとか、危なっかしいことをしようとしたという経験がなくとも、内心はいつも揺れていたのではなかったろうか？

私自身がそうだった。自分の力に自信がもてなかった。それで極端に失敗をおそれた。大学受験の志望学部は人生の安全普通コースをと、経済学部を選んだ。サラリーマン人生をである。志望校も（自分では）安全第一で決めた。ところが、受験には二度失敗した。結局、文学部に進んだ。それも、哲学（倫理学）を専攻し、人生設計はおろか、就職の口さえないコースに進んでしまった。

しかし、いまにして思う。もし、経済学部にすんなり入っていたら、会社員になっていたら、あるいは、自校の助手になっていたら、どんなに違った人生コースを歩んでいただろうか、はたして現在のような幸運にであっただろうか、と。

自分が若いとき「これになりたい」と、そのときどきに思っていた希望はことごとく掌からこぼれ落ちていった。それでも、一時的なショックは別にして、愚痴っぽく振る舞ったり、腐ったりしたことはなかったのではないだろうか。どうしてか？　自問自答してみた。現在ならその理由がわかるように思われる。本書がその一つの回答である。

私には三人の子供がいる。三人とも二十代のなかばをすぎた。下の二人は娘で、同じ世代の人たちと同じように「やりたいことがわからず」、思い悩んでいるようだ。特に話しあったこともないし、相談にのったこともないが、親の目にはそう見える。

娘に対する私（親）の願いはただ一つ、「なにをしてもいい。めげないでほしい。なげやりになるな」である。けっして「これをしたら」の類ではない。親から見ると、娘たちはひどく頼りなく、危なっかしそうに見える。しかし、自分が同じ年齢のときどうだったのだろうか、と考えると、「頼りない。危ない。やめろ」などとは口が裂けてもいえない。

でも、人生の先輩として、二人の娘たちに伝えたいことがある。受け取ってほしい言葉がある。それで娘たちに対するメッセージを本書に込めた。応援歌といってもいい。

長いあいだ教師をしてきた。非常勤講師時代から数えると、きっちり三十五年目になる。ゼミ等で近しく教えた学生の数だけでも半端ではないだろう。

快活で、礼儀正しい子は「やりたいこと」をはやばやと見いだす。これは本当だ。しかし、彼らは「やりたいこと」で思い迷うことはないのか、というと、そんなことはない。その証拠に、二、三年もしないうちに、転職の葉書が来る。きまって「頑張っています。相談に行きます」という類の言葉が書かれているのだ。

四年生のなかばになっても、「何をしていいのかわからない。そう考えると、心が落ち着かず、何も手につかない」という悩みを吐き出す子がいる。しかし、こういう学生にかぎって、「何とかなるさ」と考え、行動するのである。事実、苦労してようやくえた就職先で頑張り、重宝がられている。

本書は、私が親しく接してきた、また現に接している教え子に対するメッセージでもある。

「やりたいこと」に思いをめぐらすことに、年齢はない。何歳になっても、「これこそやりたいことだった」という発見をしたいものだ。しかし、「やりたいこと」を追おうとすると、どんどん遠のいてゆく。やりたいことを幸運にもつかむことができたとしても、砂のように掌からこぼれ落ちてゆく。じつに、はかなく、頼りない。

ところが、日本の未来の進路のように、個人の人生もまた、「やりたいことがわからない」時代なのだという。これは本当だろう。しかし、と私は大声でいってみたい。「やりたいことがわからない。すばらしいじゃないか」と。エッ、と思う人に向かって本書を書いた。

最後に、文庫の書き下ろしという形で本書執筆を強く勧めてくれたPHP研究所文庫出版部の大久保龍也編集長の、いつもより大きな叱咤激励に感謝したい。ありがとう。

二〇〇一年二月六日　凍え蹲る馬追山から

鷲田小彌太

「やりたいこと」がわからない人たちへ

目次

PART 2

「誰もがやりたがること」と「やりたいこと」は違うと思うべし

PART3

「過大」な欲望をもつのが人間というものだ

PART4

「やりたいこと」がわからないのか？　わかろうとしないのか？

PART 5

かなりやってみて、はじめて、やりたいことか、そうでないか、がわかる

●事例6 やりたいことを実現するには、
長期自己改造計画を実施する必要があった

PART7

やりたいことを見つけた。心おきなくやった。じゃあ、どうなると思う?

PART8

やりたいことは、君の前にいくらでも転がっているのだ。問題は、拾おうとしないことではないのか?

PART9

平凡だが、「やりたいこと」を見つけるもっとも確実なことは、いま与えられている課題をしっかりやることだ

PART10 やりたいことは、どんどん変わっていい

PART 1

「やりたいことがわからない」、だから、どうしたというのだ！

若い人に、「何をしたいの?」と聞くと、多くの人は「やりたいことがわからない」という。

真剣に悩んでいる人もいる。しかし、なかには、「そんな悩みを持っても仕方がないじゃない」、「そんな悩みを持つなんて、考えられない」という。

人生の門口で、「やりたいことがわからない」と悩むことは、通常、ほめられるべきことのように語られてきた。少なくとも非難されるべきことではない、もちろん、間違った人生を歩む第一歩ではない、と受け取られてきた。

たしかに、「やりたいことがわからない」といって、悩み、考え、解答をなんとか見いだそうとする人は、そういう問題で悩まない人より、ましだ、とひとまずいうことはできる。

しかし、悩む人も悩まない人も、話を聞いてみると、多くは、「何となく悩む」とか「悩まなくとも、そのうちどうにかなるさ」というていどの漠然たる内容に思えてしょうがないのである。

それで、まず「やりたいことがわからない」と悩む人の実情について、さまざまな角度で考えることからはじめてみよう。

1・1 やりたいことがわからなくても、立派に人生を生き抜くことができる

自分の人生コースがはじめから決まっていた

やりたいことがわからなくても、人生を立派に生きている人はたくさんいる。まずこのことを確認してほしい。

むしろ、そういう問題を自分の問題として考え、悩む人の方が、これまでの人類の長い歴史、あるいは日本の歴史、もっといえば戦後五十数年の歴史を顧みても、ずっと少数派だったのではないだろうか。

多くの人たちには、やりたいことがわかろうとわかるまいと、やらなければならないことが厳としてあった。仕事や人生の課題、生き方について、自由に自分の意志で決めることができる選択肢はなかった、たとえあってもごく少数

であった、といっていいだろう。

たとえば仕事だ。長男は家業を継がなければならなかった。家業は、農業が生業《なりわい》の多数派であった時代、多く「世襲」が普通だった。長男が家を継ぐだけでなく、篤農家なら二男、三男にも土地を確保して、耕作地域を広げていこうとしたのである。

多くが村落等の狭い、非産業地域で生きざるをえなかったから、望んでもその望みにかなうような職場や仕事種を見いだすことはとても難しかった。

じゃあ、そんな人たちの人生はつまらなかったのか？　そうとばかりはいえない。むしろ、逆の例を見いだすのはたやすい。

たとえば、伊能忠敬《いのうただたか》（一七四五〜一八一八）だ。養子に入った先が没落しかかった酒屋であった。だから、五十歳で隠居するまで猛烈に商売に励み、家業を盛り返すことに成功した。それから江戸にでて、小さいときから好きだった学問をするために弟子入りし、世界に誇るに足る詳細な日本地図を作るのに終生を費やしたのである。私が驚嘆するのは、その後半生ばかりでない。その前半生も、どれほど充実した毎日だったことだろう、と思わずにはいられない。

伊能忠敬のように、知的な努力を必要とする仕事とか、社会的に有用な仕事をしなくとも、家業を受け継ぎ、家庭を作り、子どもを育てあげる、ただそれだけの人生でも、つまらない、意味のないものかというと、けっしてそんなことはない。自分の人生を次の世代への橋渡しのために費やすというのは、つまり、子供を産み育て、地域のために力を尽くすことは、すべての人間に共通した立派な事業なのである。立派な人生といわなければならないだろう。

「立派に人生を生き抜く」ということと、「やりたいことがはっきりした人生を送る」ということが、必ずしも結びつかなかった時代があったのである。人類史の大部分を占めてきた、といっていい。もちろん、いまにも同じようにある、と私は思う。

自分の人生コースは自分で決める

ところが近年、正確にいうと、一九七〇年以降、先進諸国で「やりたいこと」や「人生の目的」がはっきりしなければ、充実した幸福な人生を送ることはできない。少なくとも、幸福な人生の門口に立つことはできない。自分のやりたいこと、人生の目的に向かって邁進《まいしん》しなければ、事を成す人にはなれない。少なくとも一人前の仕事をやりとげることはできない。こういう考えが多数派を占めるようになってきた。

一九七〇年代から八〇年代にかけて、「生きがい論」という形で語られたのは、仕事、とりわけ労働の中にやりたいことや人生の目的を見いだすことはできない、労働の外に、アフター・ファイブに、やりたいことや人生の目的を見いだそうという生き方だった。二〇〇〇年で区切れば、およそ五十歳以上の世代が、この「生きがい論」の影響下で人生の旅立ちを始めた人たちである。

これに対して、一九九〇年代には、やりたいことや人生の目的が、仕事のなかに求められ、「どんな仕事をするのか」と強く結びつく形で語られるようになった。自分のやりたいことはやりたい仕事に、人生の目的は仕事で達成すべき目標に集約される傾向を強めてきた。

だから、自分のしたい仕事を、自己実現を達成できる仕事を見いだすための猶予期間として、大量に大学に行くようになったばかりでなく、定職に就かないフリー・アルバイターが、定職についてもそれをより望ましい職への転出のワンステップとみなす渡り鳥のような大群が登場したのである。

いずれの場合も、自分の人生コースを自分で決める、それが幸福の第一条件である、とみなすようになった。

1·2 やりたいことがわからない人が、立派に人生を生き抜く

大雑把にいえば、一九六〇年まで、大学に入るということは、自分の生まれ育った土地や人々と別れることを意味していた。その大学はほとんど都会にあった。生地や生家が暗黙のうちに課す将来の「運命」から脱出するために大学へ行く、という人も少なくなかった。私もその一人だった。

しかし、大学進学率は、同年齢の一割以下であった。中学を卒業して就職す

る人は五割以上、高校を卒業して就職する人は四割ていどであった。この比率がどんどん崩れてゆくのが、一九五〇年代末から始まる高度成長期である。農水林の第一次産業から、鉱工、加工産業の第二次産業、そしてサービス業中心の第三次産業へと、急激に日本の産業構造の中心が変化し、就業者が移行していった。同時に、日本人の大移動の時代が始まった。農村から都市に若年労働者を中心に人間がどんどん流れていったのである。

しかし、高度成長期まで、大学がある都会などというのはほんの一部で、多くは農林業、零細企業、自営業主体の町村であった。多くの人は、中学、高校を卒業すると、生業を継ぐか、地元に職を求めるかのいずれかであった。少しでも自分のやりたいことをしたいと思う人は、地元を離れなければならなかった。職種はほとんど決まっていた。そして、地元を離れて、自分のしたいことを発見できるだけの余裕ある「人生設計」をするためには、大学へでも行かないかぎり難しかったのである。

多くの人たちには、やるべきことが最初から運命づけられていた。本人が選ぶという自由裁量の余地はほとんどなかった。自分の家をまもり、地区をまもり、村をまもる。せいぜいよくて、村に学校を建て、子どもたちを教育し、子どもたちのために財産を残して死んでいく。これが多くの人たちの生きたさまだった。

しかし、このようないわば「与えられた」人生がみすぼらしい、充実感のない生き方だった、といえるだろうか？　そうではない。そういう生き方ほど立派な生き方と認められたし、そういう人たちに社会の尊敬も集まったのである。

逆に、村を出ていって、都会で事業に成功したり、仕事で知名度を上げたとしても、本当の意味で、村人から賞賛も尊敬も集まらなかったのだ。というのは、彼らのしたことが村を発展させ、家を興隆させ、家族を育《はぐく》むことに貢献したとはいえないからである。

もちろん、彼らは、自分のためには、比類のない立派な人生を生きたかもしれない。しかし、自分が生まれ育った家族や地域社会のために立派に生きた、とは必ずしも評価されなかった。むしろ、田舎を捨て、見殺しにしたものとして、暗黙のうちに「よそもの」扱いをされたのである。

このように、家族と地域のために立派な人生を生き抜いた人の大部分は、自分のやりたいことに目を閉じるか、あるいは断念するという人生を歩んだ、といっていいだろう。

1·3 やりたいことを求めるだけで、人生が終わる人がいる

現状にぶら下がりつつ背中を向ける

「やりたいことがわからない」という人に、「なぜ?」とその理由を聞くと、おおむね次のような答えがでてくる。

なぜ? がわからない。

現状に不満がある。

自分にいまやりたいことがない。

この場所にやりたい仕事がない。

いまの人生に生きがいがない。

これらはニュアンスが違うけれど、根底は同じだ。

「やりたいことがわからない」という現状不満からは、一面では、この現状を打破して、もっとやりがいのある仕事や生活を送りたいという積極的なエネルギーがでてくることがある。

ところが「やりたいことがわからない」という人の多くには、とりあえずは、いまの人生を充実して生きよう、いまの仕事に懸命になろう、そして、そこから少しでも前進しよう、また自分の引き継いだものをすこしでも発展させていこう、という前向きな心性をみいだすことができないのである。

このいまの「自分」を充実させ、変えることに関心が向かず、ただ自分の人生を、別な場所、別な条件に「ずらす」ことを求めている。だから、実状は、ただ現状に不満をもち、現状に積極的に関わらず、現状にぶら下がりつつ「放棄」する、という生き方に終始するのだ。少しきつくいえば、現状に寄生しているのに、もっといい寄生先がないか、と漠然と考えているようなものである。

昔も、パラサイトな人たちが多かった

たしかに、こういうタイプの人は、昔もたくさんいた。私の経験則でいえば、むしろ比率からいうと、現在より大きかったのではないだろうか。

かつてこのような人間には「あぶれもの」「余計者」という名前があった。そのころの農家や商家、つまり自家営業は、大家族制で、爺さん婆さん、叔父叔母、両親、子供、孫、それに使用人をあわせると、二〇から三〇人くらいの人間が一緒に暮らすというような例もあった。私の生家もそうだった。

こういう大家族制では、かならず一家に二、三人はあぶれものがいた。彼らの毎日の行動はだいたいきまっている。昼頃に起きてきて、まず隅のほうで飯を食い、一日中ぼおーっとしている。あるいは三時頃から動きだして、夕暮れとともに出かけていく。まるで寄食者、居候《いそうろう》のような生き方である。現在はや

りの言葉でいえば「パラサイト」(寄生虫)である。

もちろん、彼らは、家族ばかりか、近所、近隣の者たちから厳しい目でみつめられた。「穀潰《ごくつぶ》し」とか、「ただ飯ぐらい」と公然とののしられることさえあった。だから、朝遅く起き、午後から動き出し、夕闇の中に消えてゆくのは、たんに怠け者だったからばかりでなく、周囲の厳しく冷たい目を逃れるためのものでもあった、といっていい。とうぜん、身内のものたちから、なんとかして嫁をとらせよう、婿をとらせよう、なんとか正業に就かせ、仕事に身をいれさせようなどと、さまざまなプレッシャーがあぶれものに対してかけられたのである。

家業を継ぎたくない、継がせたくない

しかし、時代は産業社会にはいっていく。さらに、ポスト産業社会、すなわち情報産業社会へと突き進んでゆく。これまでの第一次産業から第二次産業(製造業)へと労働人口が移行し、さらに第三次産業(サービス業)、第四次産業

（情報産業）に仕事を求める人が多数派になった。

ということは、生まれた地区や家によってあらかじめ決められていた生き方や、仕事、そして、ものの考え方を受け入れ、それらを肯定して生きなければならないという理由がどんどん消えていくことだ。

たしかに都市と農村との違いは現在でもある。しかし職業上のことについていえば、親の仕事を受け継ぎ、発展させていかなければならないという人は極端に少なくなった。後継者不足といいながら、仕事とりわけ家業を子供たちに継がせたいという親も少なくなったのである。つまり自分の生まれた土地の学校に行き、仕事に就き、結婚し、子どもを育て、死んでいくという定まった人生コースをたどる人は少数派になったのである。

現在では、運命や義務として自分が引き受けなければならない人生や仕事というものは、ほとんどないといっていい。

ひところ、親が医者だから医者にならなければならない、開業したから子供に病院を継がせなければならない、といういい方がされた。高い入学金や寄付金を払って、子供を私立の医大に行かせるというケースも目立った。そうやって、兄弟ともども医者になり、親の跡を継いで病院を大きくし、自前のヨットでセーリングを楽しんでいるなどというケースもある。しかし、このケースは、数千万円を投資しても、見返りがあるから、息子を医者にしようとした し、息子の方も医業を継ごうとした、ということである。

ところが現在、病院経営はほとんどが青息吐息《あおいきといき》である。息子に投資しても元が取れない、取れる保証がない、だから、息子に継がせるより、病院を「売る」方がベターだ、という選択が増えてきたのである。ビジネスセンスとしては、このほうがまともである。

自分で選ぶと、厳しい評価がやってくる

やりたいことを自分で選ぶことができる時代というのは、素晴らしい。しかし、これを逆にいうと、やりたいことが見つからなければ、いつまでも探し続けるということだろう。あるいは、猶予期間が過ぎれば、たとえやりたいこと

でなくとも自分の責任で選んで、その選択を肯定しなければならないということでもある。

人はいつまでも選び続けることはできない。たとえ希望しないものでも、そのなかからひとつ選ばなければならないという生き方を、強いられる。希望を諦めるか、選んだものに内心では不満を抱きながら、表面上は肯定して生きるということになる。

選択の自由というのは、自己責任で選択しなければならないという必然性を背後に抱えているということなのだ。何を選んでもいいというのは、選ばなくてもいい自由を意味しない。自己責任で何かひとつを選ばなければならない、というハードルがあるのだ。

かつては、「運命」によって仕方なく背負わされたものが、現在は自己選択、自己責任で背負い込むということだ。だから、不満を他者に、運命に向けることはできない。たとえ何であろうと、自分が選んだものをひとまずは肯定し、情熱を傾けて生きることがベターである、という幸福感や人生観が必要になってくる。

自己選択による生き方は、一見して、素晴らしい。しかし、本当にそうだろうか？　自己選択による生き方は、親や社会をはじめ他者に責任転嫁できないのである。自分以外に不満のもっていき場所がないのである。

十分長い間時間をかけ、自分で選んで、やったことが、ゼロ、あるいは、マイナスの結果を生んだとしよう。弁解無用、言い逃れ不能である。人は、「おれはゼロだ。マイナスだ」という自己評価に耐えることはできる。しかし、「おまえはゼロだ。マイナスだ」という他者評価には耐え難い存在なのである。こういうことだ。

「おれは馬鹿なことをやってしまった。おれはなんてバカなんだ」

「そうだ、おまえはバカだ。取り返しのつかないバカだ」

これにはガマンできるかもしれない。しかし、

「おれの妻はどうしようもないブスだ」

「そうだ。おまえの妻はどうしようもないブスだ」

これにはガマンできないだろう。「妻」＝自分の選択物をぼろくそに評価され、それが当たっていても、自分でいうのと、他人がいうのとでは、まったく事情が異なるのだ。

●事例1　やりたいことを見いだすことが人生の目的にならないように

A君はいま三十三歳。国立大学の理工系を中退した。はじめての大学生活。授業に出たが何かしっくりいかない。自分のやっていくことと、自分の学んでいることがどう関係するのか、それがわからなかった。

わからなくて当然なのだが、誠実なA君は、こういうことを何年も続けていたら、徒労で消耗し、自分の生き方を見失うのではないか、そう考えてしまう。若かったこともあるのだろう。彼は一年生のなかばから、病気を理由に休学をする。そして結局そのまま大学には行かず中退。

彼は、自分の人生と向き合って、自分のやりたいことを見つけようと考える。

最初は小さな広告代理店の営業の仕事。ここは仕事をおぼえる前につぶれてしまう。つぎに、地方新聞で募集していた「記者、その他」の臨時職に応募。取材、校閲、それからイベント企画、営業等さまざまな仕事をこなす。仕事は退屈しないほどにはおもしろい。「正社員にならないか」という声がかかる。給料は安いが、彼はそのまま新聞社員になってもいいと思うようになった。

しかし、まわりの社員たちは、特に記者たちは、現状でいいとは思ってはいない。だれもが、どこか別の出版社とか、新聞社に移りたい、と思っている腰掛けの人間ばかりだ。上司にも、特に新聞報道の社会的意義にエネルギーを傾けている人など数えるほどもいない。

ここにこのままいたら、こんな人たちと同じようになってしまうのではないか、A君はまたまた不安になる。二年間仕事をして、たまに回ってくる仕事だとはいえ、記事を書くチャンスがでてきた。取材の力もついた。不満はないが、この職場のこの仕事が、自分のぜひにもやりたいものだとは少しも思えない。周囲を見渡しても、この仕事がそんなに重要とも思えない。

結局、彼は新聞社を辞めることで、本当にやりたいことを見いだすために、フリーアルバイターになる。もう二十四歳だった。中退していなければ、とっくに大学を卒業していただろう。一流企業に就職していただろう。しかし、彼はまだ若い。一流どころに就職するなどは意識の外にあった。

あるとき、彼は、自分のやりたいことは、どうも書くことなのではないか、と心に強く抱いてしまう経験をした。フリーのライターに会ったからだ。彼の生き方が輝いて見えるのだ。

それに、自分は人とつきあうのはむしろ苦手だ。自分と向き合い、心の襞《ひだ》に分け入り、そこで見えたさまを小説に書いて生きていけたら、どんなにいいだろう。そう考えたのだ。書くのは嫌いではない。少しは経験もある。

しかし、小説を書いて、それで生活していくということはとても不可能だろう。

それから彼は、夜は守衛の仕事をやりながら、昼間、時間のあるかぎり物を書くという生活を始める。

最初はやみくもに書いているから、とても不安だった。だいいち、自分の書いた物がどれほどのものか、皆目分からない。そのうちに、書き仲間ができる。同人誌の仲間ができる。雑誌に発表するチャンスも広がる。評価もしだいにつくようになる。彼はやりたいことを見つけた、と思った。

ところが、彼は、小説を書くという自分のやりたいことを職業にしようとは思わなかった。正直にいえば、小説で食っていけるとはとうてい思えなかった。生きていく糧を得るのは別の手段でやろう。守衛から店員、夏には、道路工事まであらゆるバイトをこなした。彼はまだ若い。しかも誠実だ。アルバイト先でもみんなから好かれる。

彼はつねに自分に向き合い、自分のやりたいことはなんなのか、を書きながら考える。ところが、妙なことに気がつく。小説を書くこと自体がやりたいことを見つけるための手段になっている、ということだ。

彼は小説を書くのを止めていない。小説の中で、自分のやりたいことを見つけようと懸命だ。

●診断

自分の思いに誠実であるということ（だけ）を、自分の生き方の中心に置いている限りは、自分のやりたいことをみつけることはできないのではないだろうか。

仕事と自分のやりたいことを分ける。生き方と自分の日常生活を分ける。こういう生き方はどんなに誠実であっても、結局、やりたいことを求めるだけの人生に終わってしまう。A君に対してそういう不安を私は感じる。

A君、有期限で（最高五年）小説に熱中しなさい。もちろん、小説で食えることを目指しなさい。それでだめでも、その時こそ、小説書きを、サイドワークにしなさい。

PART 2

「誰もがやりたがること」と「やりたいこと」は違うと思うべし

シドニーオリンピックでの女子マラソン。高橋尚子選手が金メダルを取った。それには高橋選手の天性の力を見抜いたといわれる小出監督の存在は大きい。しかし他の選手と比べるなら、高橋選手は、大学まで飛び抜けて才能があるようには見えなかったといわれている。

高橋選手と小出監督のコンビがなしとげた快挙は、日本国民や陸上関係者に、とりわけ、少年少女やマラソンを志す人たちに非常に大きな夢を与える出来事だった。非凡な才能の持ち主でなくても、いい指導者に巡り会い、練習を積めば、高橋選手のようにわずか三年とまではいかなくても、ついには世界の頂点に立つことが出来る、というケースが目の前で展開されたからだ。

しかしどうなのだろう。

間違ってはいけないことは、高橋選手は「誰もがやりたがること」をやったのではないということだ。むしろその逆である。高橋選手は、誰もがやりたがらないことを、自分から志願した。志願した以上は、というので監督も望みを実現するにふさわしいトレーニング・メニューを強制した。もちろん高橋選手を、励まし、ときにはヨイショしながらだ。その結果、自分のやりたいことに花を咲かせ、実をもたらしたわけだ。

ここで重要なのは、もはや、高橋選手と同じことをしても、高橋選手には勝てない、ということである。高橋選手のようになりたいのなら、高橋選手のようにやっていてはだめなのである。みんなが高橋選手のようになりたいとおもって、マラソンをするのは、自分のやりたいことをすることとは根本的に違うだけでなく、最初から敗北を約束されているのである。

2·1 「誰もがやりたがる」ことはバイキングに似ている

バイキングだから、食べ放題というわけにはゆかなかった

大阪。一九六〇年代に登場したバイキング料理。当時、おなかをすかせた若者たちにとって、「バイキング！」と聞くだけで生唾《なまつば》が出た。羨望《せんぼう》であった。たらふく、動けなくなるまで食べられる。まさに夢だ。

大阪。阪神デパートの二階、あるいは、東映会館の正面に掲げられたバイキング料理の垂れ幕を見るだけでめまいがした。長蛇の列をものともせず、千円札を二枚握って、まるで決闘に臨むような気持ちで入ったことがある。私は二十歳。胃袋には他のどんなことよりも自信があった。

目の前に食べきれないほどたくさんの料理が並べられている。どれもおいしそうだ。人々が大きなサラをもって殺到する。私も期待に胸膨らませて食べ物の山に突進する。ところがだ。手がでない。思うほど食べられない。ファイトがでないのだ。胃袋は空いている。ところが脳が満腹になっている。まわりをみると、わたしだけではなさそう。

バイキングのように、「誰もが食べたい＝やりたい」ことには、あらゆる可能性があるようにみえる。だから、みんなが殺到する。しかし、いざ手を着けようとすると、どれから手を着けるかが、なかなか決まらない。たとえ手を着けても、前に進みにくいという心理的プレッシャーがかかるのだ。

だれもがなりたいものは、だれもがなれないものだ

サッカー少年がそうだろう。かつては、少年の夢の第一位はプロ野球選手だった。最近は、サッカー選手に変わった。サッカー人口も増えた。少年たちはみんな、「J1の選手になりたい！」と思ってサッカーボールを蹴りはじめる。日本だけではない。アルゼンチンでもブラジルでもスペインでも、非常にたくさんの少年たちが、プロになりたいという夢を持って、毎日ボールを蹴っている。

プロ野球やJ1のように、たくさんの人が自分もやりたいと集まり、成功すればたくさんの報酬が約束されるという職業、あるいは人生がある。しかし、そんな中から自分のやりたいことをみつけるのは、とても難しいのだ。

就職や結婚もそうだ。理想の相手と結婚したい。理想の会社に就職したい。これは誰もが抱く感情だろう。

しかし、本当にやりたいことを求め、見いだそうとするならば、理想の会社

に入る、あるいは自分のやりたいことを理想のなかに見いだそうという希望を、ひとまずは側に置き、そこから少し距離をおいたほうがいい。

そして、確認するまでもなく、J1の選手になろうとした九九・九パーセントの少年たちは、夢を夢のままで断念する。夢を断念するならまだいいだろう。夢を夢見たことさえ忘れてしまう、というのがほとんどではないだろうか。

というのも、高橋選手も、J1の選手も、表面的にはとても華やかにみえる。しかし、その陰には、とてつもない競争、想像を絶する練習、それにもまして、悪夢のような失敗があるのだ。そのようなハードな壁を乗り越えてはじめて、華やかな社会のなかで生きられるし、生きられる能力を身につけることができるのである。

だから、もしマラソンを本格的にやろうとすれば、ほとんどの人はしりごみするだろう。毎日二、三〇キロ走るなんて、考えただけで絶望的である。もしそれを望む人がいたら、よほど将来のことを考えない人か、特別な指導者がいて、自分の人生を託したい、と思えるときだ。

このように他の人からみると、すばらしい職業に見えるものは、例外なく、その過程がきわめて厳しいということだ。多くの人がそれに挑戦するが、一〇〇人いたら一人とか、一〇〇〇人で五人とかそういった割合でしか生き残ることはできないのだ。

高橋尚子選手はたんに胃袋が大きいだけかも？

だれもがなりたいと思うものは、たんに競争が激しく、トレーニングが厳しいだけではない。バイキングの時のように、最初から満腹感を味わってしまうものなのだ。

私は、いちども、プロ野球の選手はもとより、銀行員になりたい、医者になりたい、一流企業に入りたい、と思ったことはない。思ったことはない、といったら嘘になるかもしれない。考えたことはあるかもしれない。しかし、そのとたん、結構、結構、ということになった（に違いない）。どうしてか。

競争が激しいからか？ トレーニングが辛いからか？ 私は競争もトレーニングも嫌いではない。むしろ、好きな方だ。もっとも、野球では、どんなに激しいトレーニングを積んでも競争にもならないが。

みんなが行きたいところには、行きたくない。どうしても行かなければならない場合でも、つきあいていどにしておきたい。こう思うからだ。私は天《あま》の邪鬼《じやく》なのだろうか？ しかし、私の周囲を見ても、一流企業に行って、絵に描いたような高級マンション住まいをしているような人は、ほとんどいないのである。

だれもがなりたいものは、たんになることが難しいだけではなく、よく見るまでもなく「定型」(ステレオタイプ)なのである。「エッ、高橋選手が、プロ野球選手が、弁護士がステレオタイプだって！」と思うだろう。

難易度が違うだけで、彼らのやっていることは、反復練習で、普通にいえば、それ自体は楽しいことでも、わくわくすることでもない、というのが私の意見である。いってみれば、たくさん食べて胃袋を大きくするのと同じことだ。大きな胃袋のことを考えただけで、私の欲望は萎《な》えてしまうのだ。

2·2

「やりたいこと」には、たいていの人は足を踏み込まない

だれでもなれるものには、魅力を感じ難い

誰もが手に入れ、簡単に成功できるものならば、それは決して「誰もがこれをやりたい」というものにはならない。こういっていいだろう。

戦後すぐ、女性の最大の華やかな職業は、デパートのエレベーターガールだった。きれいで教養のある女性が、白い手袋をはめてエレベーターを操縦しながら、デパートを案内した。男性の視線ばかりか、女性のも彼女に集まった。

年上の知人が、若いとき、エレベーターガールに一目惚《ぼ》れし、彼女の家を探し出し、花束をもって突然訪れ、結婚を申し込んだ、といううわさ話を聞いた。偶然にもその彼女が私の同級生の姉で、やはり周囲の憧《あこが》れの的だった。

バスガールも、一九五〇年代には、若い女性がなりたがった花形職業だっ

た。しかし、なかなかなれなかった。また、なかなかなれないからこそ、みんながなりたいとも思ったのだ。

ところがいまはどうだろう。仕事の内容は同じでも、以前のように、特別の教養や美貌がなくてもなれる。エレベーターガールもバスガイドもその意味では魅力のない仕事になったといってもいいだろう。

いまでは、好きだから、バスガイド！

しかし、と私は考える。いまは、バスガイドならだれでもなれるから、なる、というのではないだろう、と。

かつて、バスガイドは、羨望の的だったからなろうとする人が多かった。歌が好きだ、お客さん相手が好きだ、サービス精神にあふれている、というように、好きで好きでしょうがなかったからなった、という人ばかりではなかっただろう。むしろそういう人は少数派だったのではないだろうか。

しかし、現在は、バスガイドが好きな人が、バスガイドができるのである。

歌を聴かせたり、老人の相手になったり、宴会を盛り上げるのが好きな人が、バスガイドになれるのだ。いい時代になった、と思わないだろうか。

自分のなりたいものを、みんながなりたいと思うものから少し遠ざけてみると、あんがい簡単に見つかるのではないだろうか。かつてみんながやりたがったが、現在はそうではなくなったものに目を留めると、スッと手にはいることがある、ということを心にとどめておいてほしい。

未知な危険がまっているかもしれないから、人は惹かれる

ところが、人は、だれも行ったことがない道、だれも行こうとしたことがない道が好きなのだ。しかも、この道を行くとちょっとまずい、危険だ、失敗を覚悟しなければならない、ということがあると、さらに惹かれるのである。

私の恩師である故森信成先生がかつて私にこういわれた。

「おまえが岐路に立ったとき、イージーな道と困難な道のいずれかを選ぶとしたら、困難な方を選びなさい。おまえはおっちょこちょいだから、いやだ、難

しいと思った道を進んだ方がいいのだ」。これは冗談ではなく、そのとおりだと思う。

迷った時は「こっちの道を行くとやばいな。まずいことが起こるな」と思う方に進むことだ。そうすると、大概、「自分」の道が出来る。人の歩く道ではなく、自分が歩いた道である。

人が足を踏みこまないような道の中に、自分のやりたいことを見いだそうとするのは、とても面白いし、人の心を惹きつける。やりがいもある。

その道をいけ、と森先生のように私もいってみたい。しかし、ちょっと待ってほしい。

2·3

「誰もがやりたがること」に挑戦するのは、素晴らしい

トップクラスは一〇人や二〇人ではない

これまでのオリンピックのマラソンレースを振り返ると、期待した選手が、

期待通り優勝したというケースは、あまりない。私が記憶にあるのは、ローマオリンピックで世界中をアッと驚かすような優勝をして、東京オリンピックでなんなく圧勝したアベベ選手ぐらいだろう。

私の目にしたかぎり、オリンピックの勝敗には、タイムやそれまでの大会の記録などは、少しも参考にならなかった。じゃあ、勝者はまぐれや幸運のたぐいだったろうか。そんなことはない。

トップクラスの選手は、マスコミに注目されるされないに関わらず、つねに二〇人以上いるのである。トップランナーは、富士山のように、周囲から一人聳《そび》え立つのではない。ヒマラヤのように七〇〇〇メートル級が犇《ひし》めいているのである。その彼らがみんなオリンピックを目指して鎬《しのぎ》を削るのだ。だから、レース当日のコンディションやかけひき次第で、だれが勝っても不思議ではない、ということだ。それがオリンピックであり、とりわけマラソンレースといえる。

こういうレースに挑戦するというのは、最初から無謀な試みである。しかし、素晴らしい、と私なら思う。

一〇万分の一に賭けるすばらしさ

シドニーオリンピックでは、高橋選手ははじめから本命のひとりだった。しかし、彼女を上回る実績の選手はいたし、肩を並べる選手なら一〇人をくだらなかっただろう。でも、高橋選手はわれわれ日本人の期待通り、圧倒的な強さで、優勝した。その勝利は、勝ってみればそうかと思えるように見えるが、劇的で清々《すがすが》しかった。だから、なおのこと、高橋選手のような生き方に賛同し、挑戦する人はこれからたくさん出るだろう。しかし、もっと確実なのは、そのほとんどすべて、確率からいうと一〇〇パーセントに限りなく近い人が、途中で断念するだろう。これは、最初から分かり切っている。

ところが、それでもあえて、そこに挑戦する人がいる、ということも事実だ。私はそういう人を、無駄なことをして、と非難する気はない。むしろ、すごいことだ、と賞賛の感情がわく。

女の子がなりたい職業の一番は歌手だそうだ。アイドルスターになって脚光を浴びたい。歌や踊りがすきだ。お客さんの前に出て、存分に自分を表現するのがすきだ、ということだ。これだけなら、しかし、かつてのバスガイドになりたい、というのとそんなに変わらない。

重要なのは、トップスターには、一〇万人に一人とか、一万人に一人の割合でしかなれないということだ。万に一つの確率しかなくとも、努力し、挑戦するという人をみると、私は涙ぐましくなる。ばかばかしいことに挑戦して、などとは少しも思わない。

あるいは、「日本のトップの会社に入って、トップの営業マンになり、ゆくゆくは社長になりたい」という人もいるだろう。私は、こんな人を少しも嫌味だとは思わない。

夢をもたず、それを実現する努力をせず、自分の出来そうなところだけを選んで、不満をもちながら生きるよりずっといい。またそういう人たちがいる社会を、けっしてつまらない社会だとは思わない。

賭けるには、それぞれ時分がある

ただ、「誰もがやりたがる」ことに挑戦し精進することは素晴らしいが、それには「時分」(good timing)がある。

高橋選手は、大学を出てから、本格的にマラソンに取り組んだ。普通は、十七、八歳で駅伝で脚光を浴び、二十歳でマラソンデビューし、速いがゆえに脆《もろ》く、壊れてはやばやと第一線を退く選手が多い。高橋選手は、まだまだ途上中で頂点にたどり着いていない、という感じがする。

逆に、三十五歳になってアイドルスターもないだろう。四十歳になって高橋尚子選手のようになろうと思っても無理だ。

なにごとに挑戦するのにも、「時分」がある。何時から出発するか、が問題だ。早ければ早いほどいい、とはいえない。マラソンがそうだ。英語習得もそうで、国際化時代だ、どうせおぼえなければならないのだから、早くからおぼえさせよう、などというのは本末転倒だろう。

困難なことに挑戦することは、しかし、それがなんであれ貴重なことである。敢然とチャレンジしたら、その結果はどうであれ、自身の人生にとって決して悪影響を残さない。ただし、いい加減な挑戦なら、しない方がいい。準備不足で、たいていは骨折して終わるのが落ちだからだ。

●事例2 やりたいと思うことを仕事の外に求めると、……

B子さんは、二十八歳。私立大学の外国語学部を出た。大学時代から勉強のほうは特別好きではなかった。しかし、非常に好奇心が強かったので、金と時間の都合がつくかぎり、国内外を問わずいろんなところに旅行をした。もちろん、美術館めぐりもした。ボランティアのサークルにはいって、暇を見つけては施設を訪ねたりもした。しかし、だからというべきか、「これだ！」と自分が納得するものにであうことがなかった。

彼女は自然が好きだった。人づきあいが苦手だった。だから、静かなところに暮らしたいと思った。卒業したら地方に住もう。そう考えたB子さんは、地方に住むならちゃんとした職業をもっていなければならない、と公務員試験を受けた。公務員になれば、生活も安定する。休日も保証される。短いが確実に夏休みもある、そんなにがつがつ暮らさなくていい。そう思った。

卒業の年、公務員試験には受かったが、行きたいところに空きがなく、一年目は臨時職だった。まあ、それはいい、一年間はゆっくりどこに住みたいか考えよう、ということですぎた。そして二年目、自分が行きたかったぴったりの場所に就職が決まった。北の果てで、希望どおりそこの市の職員になった。

ところがである。そこに暮らした瞬間から、どうも違うと感じる。人のいないところでゆったりと時間をすごして、深呼吸などしてみる、そんな平凡なことが好きだ、と思い描いていた。だが、実際住んでみると、平凡なことはやはり平凡どまりであった。いままでは「平凡」が自分の趣味だった。それが日常になってしまったから、輝かしいことのないただの平凡なのだ。

B子さんは、毎年長距離バスで八月と十二月に帰省する。そのたびに転職を考える。しかし、公務員になってしまった。転職しようと思ってもそれ以上に「いい」条件はない。

安定しているし、やりたいこともできる、そう思って選んだ職業だった。ところが、やりたいことをやろうとおもっても、やりたいことをやっているという実感がどうしてもわかない。仕事も退屈。しかも、職場に、自分がいてもいなくてもいいのである。充実感がないのだ。

●診断

彼女は転職を考えている。しかし、せっかく公務員になったんだから、と転職を決断することができないでいる。この「せっかく」が問題なのだ。

人間の生き方のなかには、安定・持続願望がある。その場所・職にいさえすれば、一生涯、安心して生きてゆけるというのが公務員かもしれない。しかし、安全な場所に自分を置いたがために、その場所から動けなくなって、やりたいことを断念し、やりたいことを見失って、朽ち果てていくというのも、お定まりの人生コースなのである。

「保証」書の中に人生はない。B子さんは、「転職」の前に、自分の仕事に自分の人生を託すような「転機」を計る必要がある。

PART 3

「過大」な欲望をもつのが人間というものだ

「誰もがやりたがること」を「やりたい」というのは、ごく普通の欲望だが、ほとんどの場合、「欲望過大症」であるといってもいいだろう。

普通、少年時代は、大きな希望を抱く。「少年よ、大志を抱け」というクラーク博士の言葉がある。札幌農学校（北海道大学）を創設し、内村鑑三や新渡戸稲造らにキリスト教の精神を吹き込んだクラーク博士は、たいそうな野心家だったらしい。ここで「大志」（ambition）というのは、少年（青年）特有の志に違いないが、「野心」や「名誉欲」のことである。

明治時代から一九四五年まで、「大志」とは立身出世を意味したのである。俳句の正岡子規だって、はじめは太政大臣を目指したほどなのだ。「末は博士か大臣か」である。

それはともかく、少年が大きな希望をもつことは、素晴らしいことだ、自然なことだと認められてきたのである。

最近でも、小学校一年くらいで、有名塾に入り、「開成中学から東大文一に進み、国家公務員採用Ⅰ種試験に受かり、大蔵省に入る」という生意気なの

ただ「聴くだけ」で
集中力や記憶力などがどんどん良くなる!
訓練やトレーニングは一切必要なし
たった1カ月で
頭の回転が
驚くほど速くなる
高速音声をただ「聴くだけ」で頭の回転が速くなり、集中力や記憶力がアップし、行動力も向上する。その取り組みやすさに今、評判になっているのが速聴《そくちょう》®です。速聴®はただ「聴くだけ」なので継続しやすく、短期間ですぐに効果が表れるのが人気の秘密。忙しいビジネスマンやOLには、通勤電車の中でもできるので、まさに打ってつけの方法です。

体験者が証明する速聴®の効果

速聴®の汎化作用によって、脳全体がレベルアップ！

さて、「速聴」の高速音声による刺激が脳を活性化させると、具体的にどのような脳力が開発されるのでしょうか。「速聴」体験者に実施したアンケート結果を元に見ていきましょう。

まず、第1位だったのが「集中力のアップ」でした。高速音声に意識を集中するため、無理なく自然に集中力が高まっていったという人が大部分を占めました。さらに9割以上の人が「記憶力が向上した」と答えています。イメージを想起する右脳の脳力を上げることにより、単なる暗記ではない、記憶の定着が強まるためです。さらに「理解力が深まる」ことも見逃せません。ものごとを認識するバイブレーションが高まっているため、以前よりも会話しながら思考するスピードが増すのでしょう。

また、そのほかにも数多くの脳力の向上が報告されており、ただ「聴くだけ」でいろいろな脳力が同時に開発されるという点が、「速聴」の大きな特徴と言えるかもしれません。

速聴®体験者100人に聞く 速聴®であなたはどんな脳力がアップしましたか？（複数回答）

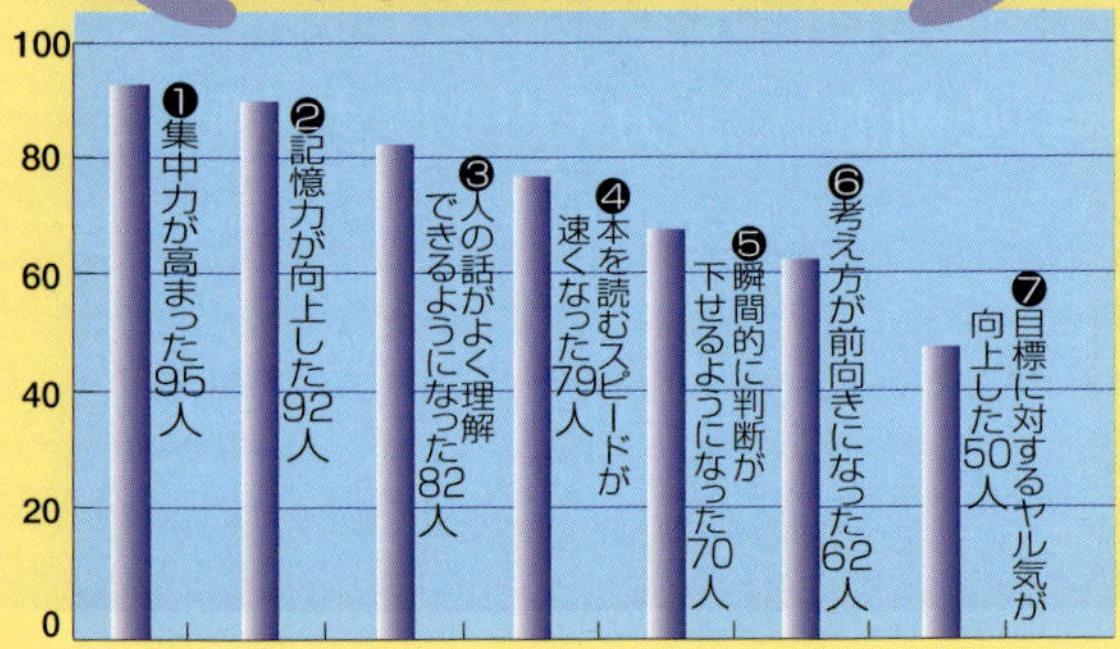

が、いることはいる。頭をひっぱたいてやりたいほどだ。しかし、戦後の民主主義平等観念である。「職業に貴賤《きせん》なし」ということになった。エリート官僚になって、国民を指導するなどというイヤミだが、率直な少年は、ぐっと少なくなった。

「私は公務員になり、安定した生活を送って定年まで勤めます」なんていうのがいる。本当に少年か、と思いたくなる。イヤミならこちらのほうが勝っているのではないだろうか。むしろ、本当にひっぱたいてやりたい気がするのはこちらではないだろうか。

3·1 第一希望は「過大」にいきたい

「過大」が少年の通常の欲望である

第一希望は「過大」でありたい。というよりも、過大が自然なのだ。自分の可能性を大きく見積もる、これが大人になる前の子どもの正常な状態である。

もう少しいうと、自分の姿を理想的に成長した将来の姿とだぶらせて自分を省みたい、というのが少年期から青年期までの一般的な心性である。「十で神童、十五で才子、二十過ぎればただの人」といわれる。本当だろうか。実際は、子どもは、人生の最初の壁である両親を、ついで、教師を乗り越えて行く。多くは書物に書かれてある「観念世界」によってである。もちろん、私もそうだった。

十歳で両親を乗り越え、十五歳で教師を乗り越え、二十歳で世間の常態を乗り越えた、と観念しない人は、よほどものを考えない人に違いない。まったく書物というものを手にしたことのない人に違いない。書物にでてくるすぐれた両親、教師、偉人に比べれば、目の前で成績が悪いだの、勉強がなっていないだなどと説教したり、したり顔で国事を弁じる両親、教師、大人たちは、卑小に見えて当然である。

書物＝観念を物差しに「現実」を計るなどというのは、子ども特有の尊大さ、児戯だ、と非難してもはじまらない。それがあっての子どもだからだ。だから、親や教師は、子どもの能力を、子どもの望みを低く見積もってしまうのである。

私は、両親や教師にほめられても、少しもうれしがらなかったという、「嫌み」な子どもだった。しかし、私から見れば、ほめるにも資格がある、ほめどころもわからないで、なんて的はずれなの、私を低く見積もってもらっては困るよ、ということであった。

「過大」のほとんどは消え去る

しかし、どんなに「過大」な欲望をもった少年でも、その「過大」さをいつまでも持ち続けることはできない。これもまたしごく当然のなりゆきである。

それは、少年が抱いた「過大」な欲望が、たんに観念的な「泡」（バブル）にすぎないから、ということもある。

あるいは、少年の前に、全く新しい「現実」がやってきて、そこに自分を投入してゆくか否かの選択を迫られるというように、少年の生活世界がうんと広がる、ということからでもある。こうして、過大な欲望は自然と隅に追いやられる。

しかし多くは、少年が、過大な欲望の一つ、あるいは一部を実現するために、他のほとんどを意識的に振り捨てるか、無意識に置き忘れてゆく、ということからでもあるのだ。

大人になるとは、言葉の本当の意味では、一つあるいは複数の限定された「目標」や「仕事」をもって生きる、ということだ。このとき、両親や教師と同じ現実人生の中に足をつっこんだことになる。まともな少年は、「ああ、少年時代は終わったのだ。頑張らなくちゃ」と気持ちを奮い立たせるのである。「過大」が消え去ったとき、人は自分の足で立つ。あるいは、過大さを振り切ったとき、人は自立する。こういっていい。

「過大」は生き残る

だが、と大きな声でいってみたい。少年時代に抱いた過大な欲望のすべてが消え去るということはない、と。

いつまでも夢ばかり追って、足が地に着く生き方をしていない、という言い方がある。もちろん非難してだ。ここで「夢」とは過大な欲望のことである。

しかし、問題は過大な欲望を持ったことにあるのではない。そのうちの一つを実現することができなかったのに、いつまでもその夢を振り捨てられないことにある。

夢を持つことはいいことだ。夢を抱き続けることはもっと素晴らしい。夢なしでは、人間、生きるかいがないではないか。しかし、夢だけでは人間は生きられない。生きるかいがない。

だれも過大な欲望が丸ごと実現するなどとは思ってはいない。そのうちのごく一部の欲望が、それも、欲した形のごく一部ていどに現実化するのが、通常である。

まったく夢が消し飛んでも、よく見つめるといい。

砕け散った夢の破片を全部拾い集めて、もとの形に復元することはできない。しかし、次のステップやステージで利用可能な破片はあるのだ。それは夢の残骸ではない。夢の結晶ではないが、夢の「成果」なのである。その成果の上になにごとかを建て直す、これが人生の常道である。やり直すとは、ゼロからではない。

3·2 「やりたくない」の最大理由は「できない」だ

「できない」といわれたら、どうするか？

①課長「これをしてください」
②社員「できません」
①と②のあいだは、一瞬である。間髪を入れずだ。あなたが課長ならどういうだろうか？　私なら、やはり即座に、いってみたい。
③課長「じゃあ、会社を辞めたらどう」
③が通ればどんなに簡単だろう。すっきりするだろう。また③が通用するな

ら、はたして②のような返答ができるだろうか？　できまい。「できません」という即答は、「したくない」「する気がない」と同じ言葉なのだ。要求された仕事をするかしないかを、従業員が決めることができる企業は、企業としての体をなさない。

まったくつまらない仕事を、いじめ同然に押しつける上司に対して、「できません」は当然である、というかもしれない。この「当然」も問題はある。しかし、「つまらない仕事」が問題なのではない。「つまる」仕事、能力と労力の双方を必要とする仕事を「してください」という場合だ。この社員は、無自覚かもしれないが、

「私は無能だ。無気力だ」

と自己表明（判定）しているわけで、「どうぞお払い箱にしてください」といっていることになる。それでいいのか？

「やりたくない」ことを強制するのが、学校であり、会社だ

「できないことはできない」、「やりたくないことはやりたくない」、「それでどうした」というかもしれない。

会社ならはっきりしている。「わが社はそういう人間を雇っておく場所ではない」で終わりである。社員を気持ちよく働かせる方がいいに決まっている。なによりもそのほうが効率がいい。仕事がスムーズに進む。

しかし、社員の気持ちよさを尊重するあまり、仕事をするしないの決定権を社員に与えると、企業は成り立たない。社員がいやであろうと、仕事がどんなに困難であろうと、無理矢理にでもやらすのが企業なのだ。

ところが学校である。自主性の尊重だ。強制された勉強は、小・中・高の生徒の自主性、創造性を損ねる。「できない」ものを無理に強要してはいけない。「やりたくない」ものを押しつけるのはよろしくない。こういわれるのだ。これが大学にも飛び火して、「できない」「わからない」の即答の連続である。

「わからないとは、何がわからないのか？」とあらためて問い質すと、しばらく黙っていて、

「私には拒否権と黙秘権があります」ときたもんだ。

当然わかってしかるべきことが「わからない」のだから、否が応でもわからせようとするのが学校である。「したくない」というのだから、強制によって「させる」というのが学校である。そういう学校があるから、曲がりなりにも、なにごとかをできる力、やろうとする意欲が生まれるのである。そうじゃないか？

「やりたくない」という一言で、チャンスが飛び去ってゆく

「できない」ことを「できない」というのは正直ではないか、と居直らないでほしい。たしかに、できもしないことを、あたかもできるというのは、詐欺行為の一種であろう。「できないものは、できない」でいいのだ。こういわれるかもしれない。本当にそれでいいのか？　臍《ほぞ》をかむことにならないのか？

「できない」という一言で、仕事もチャンスも一瞬に飛び去ってしまうことがある。「ことがある」というのは他人事であって、自分が当事者になれば、「必ず飛び去る」と思ったほうがいい。依頼者は当人の「意欲」もはかって依頼しているのだ。よほど親切な人でないかぎり、関連した仕事の依頼は二度とやってこない、と思った方がいい。

「やりたくない」は決定的である。意欲がないということだからだ。そんな人間になにごとも頼めない。頼んでも、いい結果を得ることはない、と思われて当然である。

自分では謙虚なつもりで、「できない」といい、今やりたい仕事があるから「やりたくない」といっていたとしても、結果は同じである。

3・3

「やりたいこと」は「できない」ことか?

「できそうもない」、だから「やりたい」

「できない」という人は、じゃあ、「できることだけをするのか?」と自問してみるといい。さらに、「できること」を数え上げるといい。

できることをする、とりわけ、だれもができることをする、というのは総じてつまらないものだ。それに、だれだって、できることは無数にある。水道の蛇口をひねることができる、だってできることの一つだ。しかし、そんなことをあえてできるというか? あえてするか? いわないし、しないだろう。

人は、天の邪鬼でもなんでもなく、できそうにないから、無性にしたいと思うのである。

私は馬追山の中腹に住んでいる。頂上まで八〇メートルあまり。そこに登ったことがある。しかし、なんとかしてぜひにも登ってみたい、と思ったことはない。私の足でも、簡単に頂上に着くからだ。ところが、マッターフォルンは写真だけで十分だが、チャンスがあれば剣岳には登ってみたいのだ。高村薫原作の映画『マークスの山』を見たとき、強くそう思った。できそうにないが、体力を鍛える準備期間をとろうという意欲は、いまもある。

「やりたい」、でも「できそうもない」

やる意欲はある、しかし自分の手にどうしても余りそうで、つい躊躇《ちゅうちょ》してしまう、という人がいる。これもよくあるケースだ。

このように、自分の意志や行動で積極性を見せながら、かならず、「でも」（条件）をつける人は、慎重なように見えて、たんに億劫《おっくう》がりなのが多い。実のところは、意欲に欠けたところがあるのだ。

こういう人とは、一緒に仕事がしたくない。私はそう思う。というのは、「できそうにないが」、あなたが助力してくれれば、やることができるかもしれない、というのが本音だからだ。他人に下駄を預ける形でことを進めようとの心づもりなのである。

こういう人はおうおうにして始末が悪い。一つは、「できそうにもない」ことが、だれかの助力でできたとしても、その助力者をまったく無視して、成功を自分の功績にしてしまうからだ。まあ、これはまだいい方だろう。

いま一つは、「できそうにもない」ことが、だれかの助力にもかかわらずできなかったとしよう。その時、助力した人に失敗の責任を転嫁するからだ。「できそうもない」が、最初からできないときの言い訳になっているのである。

いずれにしろ、他者の「助力」を当てにし、それを当然のこととみなす人には、「?」マークをつけてつきあったほうがいい。もしあなたがそんな人だという心当たりがあれば、自分に大文字の「?」をつけるがいい。そのままに放っておくと、仕事の場ばかりか、協力者をどんどん失ってゆく結果になるからだ。

「やりたい」ことが、「できる」ことだ

人間は過大な欲望を持つ存在だ。ところが、少年時代の過大な欲望のほとんどは消えてしまう。だから、過大な希望を持っても、持たなくても、結果は同じだ、という意見の人がいる。あるいは、少年時の過大な希望は、いずれはついえさるのだから、失望感を味わわないためには、過大な要求をもたない方がいい、と考える人もいる。

こういう人は、人間というものを、人間の想念（マインド）の力というものを軽く見ているのだ。

人間のすごさも、恐ろしさも、心に描いたこと、欲したことを実現してしまう、ということにある。「言葉」は無から有を生み出す原動力だ。今ここにないものだけでなく、いまだかつてどこにもなかったもの（ユートピア）をさえ実現しようとする。時に、実現してしまう。理論的可能性からいえば、人間は想念したものをかならず実現する存在なのだ。

もちろん、どんなにすばらしい夢を紡《つむ》いでも、逆に、すばらしければすばらしいほど、悪夢として実現する場合が多い。たとえば、共産主義の理念を高く掲げて、悪魔の国を実現してしまったソ連や中国の例がある。

しかし、なにか重要なことをなすには、過大な欲望を、「大志」を持つことが条件になる。大志は、時に、世に大きな災厄をもたらす元凶ともなる。しかし、その事実は、大志を持つことが有害無益だ、と語るのではない。

むしろ有害なのは、自分の身の丈に合わせて、たいていは自分の身の丈より小さく見立てて、なそうという目標を立てる心性である。第一、窮屈である。第二に、窮屈に慣れて、身も心も縮こまったままになる。第三に、自分の窮屈さを、思慮深さと勘違いして、子どもの世代に強要することだ。

私は、どういうわけか、志が高くはなかったが、両親や身内、学校の先生や友人を、自分の「目標」にしたことはなかった。身の丈を狭めていきたくなかったからだ。それが、いい結果を生んできたのかどうかわからない。しかし、少なくとも、自縄自縛《じじょうじばく》という弊害だけは免れえたのではないだろうか。

●事例3「大志」を持続する

C君。四十四歳、教員。かつて、私の講義にでていた学生である。

C君は大人びた学生だった。私が最初に勤めた短大の夜間部にきていた。私のゼミに参加したが、軽い口をたたいたり、乱暴な意見をいちどもはいたりしたことのない学生だった。

就職志望はと聞くと、教員だという。「なかなか難しいよ」というと、「何年かかっても……」と答えた。

C君は、社会科の教員免許を取って卒業した。短大の、それも夜間の二年間で、教員免許を取得するのは、そんなに簡単ではない。しかし、もっと難しいのは、教員採用試験に受かることだ。C君は予想通り落ちた。落ちることを覚悟していたのか、発表の前に、相談に一度だけきた。

「教員になりたいというのなら、今年がだめなら、来年、来年がだめなら、再来年チャレンジしたらいい。そのうち、かならずチャンスがくる」という私の応答を、どう聞いたのかわからない。

翌年、新学期になって、C君が郷里の近くの学校で臨時事務員になった、という話が伝わってきた。翌々年、C君が公務員試験をパスし、正式に学校事務職に就いた、という話が届いた。教員になるのは断念したのかな？　というのが正直な感想だった。経験則からいって、教員になろうという人は、学校の事務員にはならないからだ。

それから五年ほどたったころではないだろうか。C君が突然訪ねてきて、この春から中学で社会科を担当している、という。「短大の夜間卒でも、一つ一つクリアーしてゆけば、教員になれるという例を示してみたかった」という。

私は、当時も現在も、教員になることはそんなに難しいことではない、と考えている。なろうという意志を持続し、相応の努力をすれば、採用試験には受かる。たとえ、採用名簿には記載されなくとも、臨時講師の口がやってくる。そこで実績を積み、評価と信用をうることができれば、定職にありつけるからである。実際、こういう例をいくつも見てきた。

私は、C君の持続する「意志」に感動した。この持続する意志の重要さは、特に教員になるためだけにではなく、すべてのことに通じる、というのが私の意見だ。

C君のような「人生」の苦労人が教師になる、これがすてきでなかったらどうしよう。

●診断

教師になること、短大夜間部卒でも教師になれることを示すことが、C君のひとまずの目標だった。それは実現した。努力の結晶だ。

しかし、問題は、C君がたんに教師になることにとどまるのではない。どんな教師になるか、である。年齢からいって、すでにベテランの域に達したかに見えるC君の教師力の水準は、私から見ると、まだまだ低い。アベレージの少し上ということにすぎない。

四十代のなかば、教師として熟度もパワーも示すことができるのは、これからだ。その準備に不足はないか？　明らかにある。私はそう見る。

やりたいこととは、結局のところ、やりとげるべき価値を実現することにある。ひとりの教師としてなすべき最大値は何か。それがC君に突きつけられている。君はそれに答えることができるか？

PART 4

「やりたいこと」がわからないのか？わかろうとしないのか？

「やりたいことがわからない」という人のほとんどは、私がであったかぎりでは、「やりたいこと」を見いだすことを先延ばししているとしか思えない。なにも決めていないのではない。たとえば就職のことだ。四年になれば考えよう。それまでは、難しそうな問題は、頭から切り離しておこう。こう心決めしているのである。

じゃあ、くるときがくれば考えるのか。考えない。四月になって、採用試験が解禁になる。一、二度、まずまずの応募条件のところを受けてみることはみる。もちろん、一次試験でペーパーテストのあるところは受かりっこない。まったく準備していないからだ。

落ちた。そこで就職活動は休眠。理由はいくらでもつく。今年の就職は厳しい。それに、「やりたいことがわからない」から、希望の行き先もわからない。ならば、ゆっくり考える他ないではないか、という具合だ。

しかし、こういう学生に限って、コネなどで「職」があると、反応が速いのである。手のひらを返したように敏感に動く。ようは、棚からぼた餅を待つように、「どうにかなるさ」なのである。

4・1 「わからない」から、相談するだって？

「私が悩んでいるのはなんでしょう？」と相談を受けたらどうする

人間、だれにも疑問がある。悩みがある。自分で解決できない場合、他人に相談する。だから、相談する人や友人がいない場合、辛いに違いない。

「わからないことは、聞きなさい」という言い方を、私はどうしても好きになれない。「わからない」という前に、「何がわからないか」「どうしてわからないのか」と考えられないものだろうか。たとえば、

「少なくともここ（まで）はわかる」

「私はこう思うが、どうでしょう」

というところまでぐらいは考えるというのが本筋だろう。ところが、である。

珍しく、コンコンと研究室のドアーをたたいて、学生が入ってきた。相談があるという。顔は真剣だ。

「私は悩んでいます」

「何が悩みなの？」

「……」

で、次がなかなかでてこない。話しにくいことなのかな、と水を向けてみる。なかなか要領をえない。少しだけわかったのは、病気で精神科に通院していること。精神安定剤をもらっていること。毎日が不安なこと、だ。二十分ぐらいすると、舌がなめらかになる。両親のこと、学校の成績のことなど、それとなく話す。

四十分ぐらいしたころか、「どうもありがとうございました」といって立ち上がった。

「悩みは何だったの？」と聞くと、やはり「……」のままなのだ。

この学生の悩みの相談というのは、いったい何だったのだろう。

悩むことが、自分に誠実だとは限らない

「私は考える。だから、私は存在する」といったのは近代哲学の道を開いたといわれるデカルトである。人間の人間たるゆえん、人間の本質は、「考える」ことだ、という意味である。「考える」というのは人間だけにある、すばらしい能力なのだ。

しかし、人間は考えるからこそ、やっかいな存在でもある。ああでもある、こうでもある、あれでもない、これでもない、……、と考える、つまり、悩む、存在だからだ。

デカルトは、「考える」ことを丸ごと肯定したのではない。「明晰判明」(clear and distinct) に考えることを、人間だけがもつ能力（理性）だとしたからだ。

難しいことではない。まず、「ぼんやりした」(obscure) ものと「はっきりした」(clear) ものを区別し、「はっきりした」ものから「混乱した」(confused) ものを区別する。ここで「区別する」が distinct である。

ということは、たしかに「悩む」は考えることに属するが、ぼんやりし、混乱した考えなのである。つまり、「考える」とは、「悩み」を抜け出ようとする、人間だけにある能力のことになる。

悩むことは厄介だが、少しもつまらないことではない。問題は、悩みから抜け出ようとするかどうかだ。

相談にきた学生は、悩みがある、という。しかし、どこを突っついても、悩みを抜け出ようとしているように見えないのだ。どうしてだろう。

彼は、他の学生はものを真剣に考えているようには見えない、という。それに比して、自分は悩んでいる。頭も割れんばかりに悩み続けている、といいたそうにも見える。

しかし、私には別に見える。彼は、悩んでいるには違いないが、悩みを袋小路にとどめている。悩みを少しでも突破しようという努力が見られない。その証拠に、次から次へと「わからない」という事例を取り出し、疑問符をつける。

これに対して、私の流儀は、「いま、わかっていること」、「これから、わかりそうなこと」を一つずつ取り出してゆくことだ。

彼にもそう勧めた。なんだか、つまらなそうな顔をされた。

大学でいちばん「繁盛」しているのは学生相談室だ

夏休みが終わると、急激に講義に出席する学生の数が減る。私の哲学と倫理学のクラスは、ともに受講生が一〇〇〇人前後である。講義がすばらしいからではなく、単位がとりやすいから受講生が増える。もちろん、出欠などとれたものではない。

何人であろうと、私は手を抜かずに講義しているつもりだ。しかし、十一月になると、きまって、出席が五〇人前後となる。

この時期、訪れる学生の数が減らずに、むしろ新学期以上に繁盛しているのが学生相談室である。若いときにはさまざまな悩みがある。そのうちには自分の手に負えないものもあるだろう。だから、相談室にゆくのはいい。しかし、相談の内容だ。

相談室からあふれた学生が、たまたま私のところにも訪れることがある。

「留学生のOさんを好きになってしまった。悩んでいる。どうやったら交際できるだろうか？」

にはびっくりした。感じのいい女性と、どうしたら交際できるのか、私のほうが教えてほしいくらいだ。

「前期の成績が悪かった。どの授業も、毎回出席しているのに、半数以上がD「不可」だった。どうしたらいいでしょう？」

これはまともな悩みかなと思った。しかし、問題にならないのだ。まるで予習も復習も、試験勉強もしていないからだ。つまり、悩みは、「どうしても勉学意欲がわかない。どうやったらわくのか」なのだ。しかし、話を聞くと、Aをやっていると、Bに気が向く。Bをやると、Cに気が向くということらしい。集中力と持続力がないのだ。これは、受験勉強さえもやってこなかった学生のほとんどに共通することだ。

「君には何か熱中することはないの？」と聞くと、「いまは学校に来ること［登校］に全力をあげています」という。ようやくこの学生の「困難」にたどり着くことができた。私は、登校を続けなさい。成績のことは、今のところ気にしなくともいい。今のままを来期まで続け、それでも少しも改善がなかったら、またおいで、といって帰した。

彼は「自閉」気味で、高校時代は「登校」もままならなかったらしい。現在、その回復期にいるらしい。こういう相談を受ける相談員（教師）の大変さがわかる。

4·2 わかろうとするために、君はどんなことをしたか？

「わからない」を厳禁してみよう

「やりたいことがわからない」という人にまず勧めたいのは、その「わからない」という言葉を発することを止めることだ。

「『わからない』と口に出すことをよしたからといって、『わからないものが、わかるわけではない』ではないか?」という人は、「言葉」の効力を知らない人である。

でも、「日本の最初の天皇の名は?」と聞かれて、わからなければ、「わからない」という他ないではないか、というかもしれない。しかし、理屈めくかもしれないが、正しくは、こういう場合、「知らない」であって、「わからない」ではない。「無知」であって、「無理解」ではないのだ。「知る」(know)と「わかる」(understand)は同じではないのだ。

知らないならば調べる(research)。忘れていたなら、思い出す。それでいい。しかし、わからない場合、調べるだけではすまない。思い出すことはできない。自力で考える。つまり、問題を切ってみたり、こね回したりしなければならない。自分の手になじむもの、口に入るものに料理しようとしなければならない。

料理には時間がかかる。上手になるためには、日時を要する。それもせずに、料理の達人になることはできない。料理は腕を振るうが、理解には心(mind)を奮うしかない。もちろん、自分の心だ。

すぐに「わからない」という人は、心を奮う、震わせる人ではないということだ。心があるのに、心を震わせないと、心が死ぬではないか。

心を奮わせて、それでも、光明が見いだせないならば、達人に聞くがいい。心を震わせないまま、達人に聞いても、どんなすばらしい回答を得ても、君の心はそれに感応し、共振することはないだろう。

「わからない」ではなく、「わかっている」ことを確認することからはじめよう

私は、与えられた仕事のテーマ(課題)のキイワード(中心)を設定するとき、まっ白なパソコンの画面を開いて、言葉を打ち込む。自然にでてきたときは、その仕事はなかば成就したも同然である。しかし、でてこないこともある。そんなとき、ホルダーから、メモが書かれた用紙を引っ張り出す。そのほとんどは便箋《びんせん》だ。

飛行機に乗ったとき、泊まったホテルの罫線のはいっていない便箋に、これからしたいと思うテーマを、準備があるかないかにかかわらず、これまたホテルのメモ用に置かれていたボールペンで書く。

少し古くなるが、一九九九年十二月、YAESU TERMINAL HOTEL の便箋四枚に、このときはよほどエネルギーがたまっていたのか、二〇〇〇年に予約済みの五冊、やりたい仕事(著作)六冊のコンテンツ(目次=キイフレーズ集)が書き込まれている。一時間ちょっとのあいだにである。

「やりたいことがわからない」という君は、こういうトレーニングを自分に課しているだろうか?

わかるためには、つまり、心を振るためには、無手勝流ではだめだということだ。

レストランに行く。注文を聞かれる。メニューをもらう。そこから選択する。このメニューは与えられたものだ。料理も他人の手で作られたものだ。

「やりたいもの」とは自分の人生のメニューだ。そのメニューに添って生きるのも自分だ。自分独自のメニューを持たなくてどうする。最初は与えられたものでも、それを何とか改良しようとしなくてどうする。

メニューなどなくとも人生をおくることができる。それはたしかだ。しかし、君はメニューを望んでいるのだろう。自分用のメニューを望まないのか？　誰かのできあいのメニューで満足できるか？　できないという人に厳命したいのは、

「いま、自分は何ができるか」を書き出すことだ。けっして、「自分は何ができないか？」ではない。一晩かかってもいいではないか。

その上で、「自分のしたいこと」を書き出してみたらいい。したいことが、できることの延長線上にあると思えば、それが、どんなに満足のいかないものだとはいえ、ひとまずは君の人生メニューになる。

最低限度のこともせずに、「やりたいことがわからない」だって！

君が「やれる」と思うことの中に、少しも華々しいものがなくても、嘆く必

要はない。十代はもとより、二十や、三十代で、華々しいものがあるほうがおかしいのだ。そんなケースは、万に一つなのだ。そう思ってほしい。

君が、四十歳以上なら、「やれること」はたくさんあるだろう（「ない」だって。そんな⁉）。四十を越えたら、「やれること」の延長線上に「やりたいこと」を見いだすだけでなく、「やれること」とは異種の方面に、君のやりたいことを思い描き、そのための実際上の準備をすることを勧めたい。本当の充実した、力強い人生は、四十からはじまると思ってほしい。新たな挑戦がはじまるのだ。

「わからない」という言葉を止め、自分ができるメニュー、やりたいメニューをきちんと書き出すという、最低限度のこともしないで、「わからない」はないんじゃないか？　知的怠慢ではないか？

ただし、間違ってもらいたくないのは、あまり目線を遠くにおかないことだ。重要なのは、まずは、その時与えられた課題に取り組むことだ。自分のできることと、やりたいことのあいだに、きちんと橋を架けることができるようなメニューをはじき出すことである。

4・3 意欲はあるって。じゃあ、何が足りないのだ?

「やる気がある」なら、何かやってみな

自分には、やりたいという意欲はある。しかし、その意欲をぶつける対象がない。こういう人がいる。「気持ち」はよくわかる。

自分のやりたいことがあって、それにエネルギーのすべてを傾けることができたら、どんなに幸せだろう。やりたいことがわかっているのに、さまざまな理由で、それに着手できないというのは、大きな不幸である。

ところが、意欲があっても、やりたいことがわからない。そのために、全力を傾けることができない、というのだ。これはどういうことだろう?

人は欲張りだ。自分がめざすべきものだけをしようとする。すばらしいことだけに情熱を傾けることができると思う。しかし、こういうケースはまれなのだ。第三者の目から見れば、境遇に恵まれ、時間も十分あって、自分のやりたいことにだけ手を染めていればいいように見える人がいる。

しかし、当事者にとっては、他人にどう見えようとも、いま自分がやっていることに満足を感じることができないケースが多いのだ。たとえば、オーナー社長の息子に生まれ、三十代で専務になり、存分に活躍の場を広げている男がいるとする。人もうらやむポジションだ。しかし、当人は、「家業」ではなく、建築デザイナーになりたかった。そのために美大にも行った。それを少しも活かす場所がない。時間に追いまくられ、しかも、いつも社長（親父）と比較されている。おれはオレだ、という場がない。息苦しい。不満が募る。

他人は、「それは贅沢《ぜいたく》というものよ」というかもしれない。しかし、この男にとっては、真剣な悩みだ。

しかし、おもしろいことに、人間は「どんなつまらないもの」と自他ともに思えるものにも、情熱を傾けることができるのである。

単純にいえば、情熱を傾けたもの、それがすばらしいものになる、ということだ。もっと単純化していえば、何でもいいから一所懸命やってみな、ということだ。ひたすらエネルギーを注いでみるといい。重要なのは、まずエネルギーを放電することだ。放電力が高まるということは、エネルギーの充電力が大きくなるということだ。

ひとまずは、乱暴だが、こういってみよう。

仕事ができない人は、雑用もできない

意欲はあるが、ぶつける対象がないから、空回りする。こういう人の多くは、意欲の大きさが小さい、と思った方がいいだろう。

たとえば雑用だ。雑用など、仕事のじゃまだ。第一、私は雑用のために雇われたわけではない。こう思う人のほとんどは、雑用が苦手だ。それだけでなく、仕事が遅く、しかも、乱雑だ。

仕事が的確で迅速な人は、雑用も手早くやっつけてしまう。雑用にエネルギーを割《さ》くことを、少しも気にしない人を見たら、そうとうの仕事人と思ったらいいだろう。

だれだって雑用はいやだろう。そういうものにさえエネルギーを放電しても、彼自身の蓄電力が大きいから、むしろ本格仕事の慣らし運転になる、という人がいる。雑用は準備体操だ、と思えるようになったら、すばらしいだろう。

いやな雑用を、いやいややって、疲れ果てているようでは、「やりたいこと」がたとえ見つかっても、大したことはできないと思った方がいいだろう。

それに、「やりたいこと」が見つかるまでは、たとえ、今やっていることが、第三者にはすばらしいことに見えても、本人にとっては「雑用」の一種に違いないのである。

雑用にさえ「集中」できる人、これはすばらしい。しかし、「雑用」にまず集中できる人、こういう人はすばらしいことをする能力を持っているといってみたい。

「頭」も体力の一部である

つまりサーキットトレーニング（circuit training）が必要だということだ。本格的な仕事をする前には、まず、体をほぐす準備訓練が必要だ。同じように、本格的に自分がやりたいことをするまえに、やりたいことを発見するための準備訓練が必要だ。この訓練では、目標値を達成することが不可欠だ。およそ、学校という場所は、この訓練のためにある、といってもいい。

目標値の達成とは、大きくいうと、「実績」である。たとえそれが家の手伝いでも、アルバイトでも、あるいは社会的にそれほど有用と認められていないことであっても、きちっと「なにごとか」をやりとげたことのある人と、そうでない人とでは、違う。やりたいことを見いだすヒント（手がかり）は、かならずその訓練と実績の中に含まれている、と見ていいだろう。

もちろん、頭のトレーニングは不可欠だ。厳密にいえば、頭も体の一部なのである。過激に使わなければ、つまり知的エネルギーをがんがん放電しなければば、頭の能力は大きくならないのである。

一般的にいえば、受験勉強だって、頭のサーキットトレーニングの一種と見立ててもいいのである。受験勉強で燃え尽きてしまった、という人がいる。しかし、そういう人はもともとエネルギーの潜在蓄積量（排気量）に問題があったのではないだろうか。やりたいことが見つかっても、エネルギーを集中的に割く能力に不足がある人ということだ。

繰りかえしになるが、自分がいま何ができるか、を考えてみよう。そして、まずできることをやってみることだ。全力をあげてだ。これが慣らし運転である。

慣らし運転は、かつて、エンジンに無理がかからないように、じょじょに出力を高めるような方法をとった。とろとろと走らせたのである。しかし、現在は、最初から思いっきり、低速で最高出力を出すように、最大限度までアクセルを踏み込め、といわれる。

もちろん人によって違うが、若いときに、集中力と持続力を高めるような知的トレーニングをしてこなかった人は、なかなかやりたいこともうまく処理できないだけでなく、やりたいことを見いだす前に、疲れて、何でもイイや、どうでもイイや、とあきらめてしまう結果に終わりがちなのだ。

●事例4 やりたいことをやって、燃え尽きたのか？

D氏は五十一歳。何に対しても意欲のある、エネルギーのある人だ。高校を卒業し、彼が就職したのは国鉄。彼は元気があったから、すぐ先輩に引っ張られて労働運動にはいった。国労の全盛時代だ。彼は国労に「勤める」ことになり、十代の終わりから二十代のすべてを労働運動一筋で送った、といっていいだろう。

そのため、彼は国鉄の職員として必要な知識や技術を学ぶチャンスがなかった。彼がもっぱら学んだのは、労働組合の活動家として、労組にとって必要な知識やマナーであった。特に重要だったのは、労使対決、交渉で成果をあげていくための技能、単純化すれば、闘争と団交に必要な知識や活動スタイルだった。この時代のD氏は、輝いていた。

ところがその国鉄が、民営化されJRとなった。彼は整理の対象になる。二十代まで元気ハツラツ、自分のやりたいことはなんでも実現できる、という思いにかられていた彼の人生は、一変する。おまけに、病気も彼を襲った。

D氏は広く社会的な知識がある。人柄もいい。なによりも憎めない。統率力もある。その意味では管理型の人間といっていいだろう。しかし、一般的な意味での「仕事」ができない。机に座って順次仕事を片づけてゆく、あるいは人と向き合ってビジネスライクに対応してゆく習慣やマナーが身についていない。

D氏が、若くして血肉を燃やした組合活動能力と、彼が現在の仕事で身につけていなければならない仕事能力との間に、まったく関連がないのだ。

だから、国鉄を失職して以来のD氏は、どんなに意欲はあっても、うまくゆかない。時に、うまくゆくことがあっても、持続しない。なによりも苦手なのは、人に使われて、決められた仕事をきちんとやっていくことだ。結局、繰り返し仕事を変える。変えても、また同じことになる。

彼は、「自分に合った」仕事しかみいだせなくなる。口先三寸で、あるいは、プランをつくって人を動かし、自分はその上前をはねる、というような生き方を選ばざるをえなくなる。つまり労働運動で、労使交渉で賃上げを獲得し、その成果で自分を評価してもらうのと同じやりかただ。自分自身で汗水流したり、知的な力で仕事を前に進めていくといった内発的な努力をしないのだ。

D氏には、もうやりたいことはない。やりたいことを求めるということさえしなくなった。五十代になった彼は、自分のやりたいことがなんであるか、という問題に正面から向き合うことを完全に拒否している。

D氏のような人は多い。自分の過去の活動や仕事の記憶に囚われて生きている人たちだ。彼らは、過去の幻影で生きている、あるいは、現実を直視せず、まだ甘えて生きている、といってもいいだろう。

D氏は結婚できなかった。かつて華やかだったD氏の周りから、男性も女性も一人去り、二人去りしていっている。しかも、彼の人生はまだまだ残っているのだ。

PART 5

かなりやってみて、
はじめて、
やりたいことか、
そうでないか、
がわかる

「やりたいこと」を考えるのは楽しい。しかし、やりたいことなど少しも考えない、気にしていない、という人がいる。本当だろうか？

どんなことであれ、しようとするときより、しているときより、しおわったときより、何をしようかと考えているときの方が楽しいものだ。つまり、計画の楽しさに勝るものはない。これから経験するであろう楽しみを、頭の中で先取りして楽しむ能力を人間が持っていること自体が、素晴らしいのだ。

旅行を例にとってみよう。いざ目的地に着いて、おいしいものを食べたり、買い物したり、いい出会いがあったりすることは、すばらしい経験だ。特に予想外の経験が与える楽しさは格別だ。

しかしどうだろう。旅行に行く前に、あれもしたいこれもしたい、こんな人に会えたら最高だ、ミラノではどんなワインを飲めるだろうか、などとあれこれ想像する喜びに勝るものはないだろう。

つまり人間は、自分で経験をしなくても、本を読んで経験し、人の話を聞いて経験し、あるいは自分で夢をみて経験する、疑似経験の名人なのだ。現実の経験ではないが、それも人間の貴重な経験の一種なのである。

しかし疑似経験がどんなに楽しくとも、どんなに華やかでも、そして、実際の体験がどんなに不快でも、どんなに見すぼらしくとも、疑似経験は現実の経験に及ばないのである。

5・1 やりたいと思ったことも、やってみれば、たいていは失望する

企画倒れは、会議倒れのせいだ

計画立案は、楽しいからこそ、難しい、と思った方がいい。こういうことだ。

企画会議というものがある。そこで新しいアイデアを考え、出しあって、何をすべきかを決めようという会議だ。しかし、会議で出しあい、みんなでこれでいこうと決めたプランに、おもしろくてすばらしいものは少ない。私の経験では、企画会議のようなもので、これは、というようないい案にであったこと

はない。

なぜなら、プランを議論する楽しみが、プランの実現によってもたらされる楽しさに勝るからだ。しかも、プランの楽しさは、プランを議論する中ですでに半分以上は消費されてしまう。議論に熱中すればするほど、会議室を出るころには、いままで光を放っているかに見えたプランは、色褪《いろあ》せてしまっている。

ところで、多くの人は、会議など面倒だ、という。会議など短ければ短いほどいい、という。会議の回数が多く、時間が長い会社は、つぶれるという。しかし、その面倒な会議をしていないと、不安になる。不安になるだけでなくて、会議をしていないと寂しいのだ。

だから、斬新なプランを出すために会議をするのではなく、会議を楽しむために会議をするのである。そういう人たちが集まって、侃々諤々《かんかんがくがく》を続けても、いい案がでると思いますか。

民主主義だ。会議では徹底的に議論しよう。大雑把なプランは困る。細かいところまで詰めなければ、だめだ。

プランは、会議でもめばもむほど、オリジナリティが殺《そ》がれてしまう。プランは、細部まで詰められる度合いに応じて、実効性が殺がれる。

企画はどんどん立てればいい。個人の責任でだ。もちろん、採用するかどうかは、トップの持ち分だ。企画が失敗に終わったら、責任は、当然、トップにある。

本で味わう料理ほどおいしい料理はない

札幌から大阪にでて学生生活を送ろうとしたときだから、もうずいぶん前になる。日本中がまだ貧しかったときだ。母から料理の本を一冊もらった。店屋《てんや》物《もの》では高くなってしょうがない。自炊すべし、と思ったからだ。実用一点張りの本で、モノクロの写真で見る料理はとうていおいしそうには思えなかった。しかし、この本を見て作った料理は、おいしかったし、下宿仲間には好評だった。それにじつに簡単に料理できた。

その後、おいしそうなできあがりの写真を添えられた料理の本に、何度となくであった。しかし、どんなにおいしそうに書いてあっても、すばらしい色調の写真が添えられていても、できあがった料理は、実際に口にしてみると、書いてあるイメージで味わうよりも、はるかにまずかった。写真から連想されるよりも数段味が落ちた。

ましてや、自分で実際に作って、味わってみると、本だけで想像するのとはずいぶん違う。もっとまずいのは、本の料理を再現するのが難しいことだ。第一、レシピ通りの材料、調味料がそろわない。

料理の本を一方的に非難して、こういいたいのではない。

現実というのは、たいがいは本から想像されるもの以下なのである。つまり夢よりも少しきびしい。いや、うんときびしいと考えたほうがいいかもしれない。脳で味わう方が舌で味わうより甘美な味がするのだ。

だから、「ああ、これこそが自分の人生だ！　自分の望んでいたものだ！」というものを発見し、それを現実にするチャンスが与えられたとしても、実際に取りかかり、続けていけば、自分のやりたいと思ったことが実現するかというと、必ずしもそうではないのだ。料理本と同じで、作って、味わってみれば、だいたいのところは失望するものだと思っていい。

漱石が、いざ小説家になってみれば

夏目漱石は、大学教授になろうとした。イギリス留学の時は、イギリスと戦争するほどの気構えで、イギリス文学を征服しようと意気込んで出発した。しかし、留学は苦痛の連続だった。敗北感を抱いて帰国した。

その上、大学教授になってみると、それがいやでいやでたまらない。

小説『吾輩は猫である』を書いてみると、これが楽しい。しかも評判もいい。小説家になりたいと思いがつのる。

ようやくのこと大学を辞めることができ、望み通り、朝日新聞の嘱託社員になり、好きな小説を心おきなく書くことができるようになった。

さあそれで、漱石は楽しい人生を歩んだのだろうか。そうではなかった。自分が望んでいた小説家は、なんて苦しいんだろう。なんてやっかいなんだろう。そういうものをしょいこんだ自分を呪《のろ》いさえしたのである。

つまり本当にやりたいことは、漱石のように熟慮の末、苦悩の末のことであっても、やってみると、苦い悲愴感を、何度も何度も味わうと考えたらいい。

どんなに素晴らしい大学に入ろうが、どんなに素晴らしい職業につこうが、どんなに素晴らしい相手と結婚しようが、いったんそれを獲得してしまうと、それで十分満足なのかというと、そうではないのだ。

すでに獲得した満足は、過去の満足である。現在では満足の種類ではない。もとより未来の願望ではないということだ。

5・2 失望しても、やめずに続ければ、やってよかった、と思うようになる

いやな仕事でも、続けてみれば、案外いいものだ

ところが、おもしろいじゃないか。やりたいと思って取りかかるが、思いのほかのことに失望する。「こんなはずじゃなかった」と、やめようと思うが、チャンスを失って、続ける羽目になる。そのうち、知らないあいだに「やってよかった」と思うようになるのだ。

それだけではない。逆なことも生じるのだ。

「やりたくない」、「こんな仕事はいやだ」、「つまらない」というような仕事でも、やり続ければ、案外しっくりいくようになる。気分がよくなるのだ。「ああ、これをやっていてよかった」と思うようになる。

つまりこういうことなのだ。自分のやっていることに一生不満を持ち続けるということは、予想する以上に難しいということだ。愚痴をいいながらも、自分のやってきたもの、やっているものをいとおしく思うからだ。

もちろん、人間世界だ。とびっきりの不満屋さんはいる。そういう人は、きまって、持続することができない性格を持っている。正確にいうと、何か一つのこと、それもルーティンワーク（日常業務）に集中し、持続したことがない人だ。たしかに、おもしろいと思うことにはすぐに飛びつく。自分でおもしろいものを作ろうとはしない。いつも何かおもしろいものがないか、やってこないかきょろきょろするだけで、足下のことに少しも視線をやらない人だ。こういう人は、好奇心旺盛に見えるが、じつは、受動専門の待機人なのである。

やりたいことを見出して、やってみたけれども、がっかりした。しかし、いまさら変えられない、簡単に別なほうに移ることができないじゃないか。そう思って続けていると、「ああ、やっぱりこれがやりたいことだったのだ。自分の当初の思いは間違っていなかったのだ。やめなくてよかった」と、自分の「思い」を再確認することだってある。たまにあるのではない。それが常態なのだ。

もちろん、かつて抱いた夢のままではない。しかし、抱いた「夢」はやはり間違っていなかった。自分のやりたかったこととは少しちがうけれど、自分にしっくりいくじゃないか。「これでよかったんだ!」と思うようになる。

弁護士の仕事の大部分は、人生相談だって！

たとえば弁護士という職業である。弁護士という職業は、難関中の難関という意味で、エリート中のエリート職だ。

法学部の新入生は、そのほとんどが漠然とではあれ弁護士を夢見る。その夢はすぐに泡と消えるが、弁護士を目差す少数派はその夢を抱き続ける。

少数派は、法廷での劇的な場面を夢見て、一所懸命勉強し、ついに司法試験に受かり、研修期間も無事終えて、いよいよ夢にまで見た弁護士としてスタートを切る。

ところが、いざその世界にはいってみると、弁護士の仕事の大部分は人生相談と大して変わらないのである。

むしろ、法廷で活動するのはごく一部分である。実際、よく考えてみると、弁護士などというものは、法廷で派手に立ち回るのが本来の仕事ではないのである。法廷というやっかいな場、無駄な時間や費用や労力を費やす場に「訴訟」を持ち込まないようにするためにこそ、弁護士が必要なのである。

法廷外のじつに厄介だと思われる仕事の大部分は、人間関係である。それも、当事者にとっては重要かつ深刻な問題かもしれないが、第三者から見ると、どうということのない問題だ。「性格の不一致」という離婚問題。「隣の猫が塀を乗り越えてやってくる」という隣人問題。「一〇万円でも相続は平等に」という遺産問題。

こういう「些事」にこそ、完全中立第三者の弁護士が必要になる。まさに人生相談者である。

ところが、弁護士というのは、小説やドラマの中と違って、「人生」の達人ではないのである。そういう弁護士のほうが、人生相談者として「辣腕《らつわん》」をふるうことができるのだから、おもしろい。

エリート中のエリートの仕事のほとんどが、そんなものなのである。そして、ここを強くいいたいが、弁護士に限らず、これがノーマルな状態なのだ。想像していたのとはまったく違う仕事が待っている。しかし、そういう仕事をひとつひとつこなし、「解決」していく。あるいは相談者に対して、全身で取り組んでゆく。どうなると思うか？

「弁護士なんて、何だ！」ということになるだろうか？　何年かすると、「弁護士というものは、なかなかいいじゃないか、素晴らしいとはいえないけれど、この仕事をもう少しきちんとやっていこう」、こういう気持ちになる人は弁護士として有能な人だ。私はそう思う。

大切なものは、捨てざるをえない場合でも、残る

「人生は壮大なムダだ」と思うことがないだろうか？

実際、だれでも自分の歩んだ人生を省みてみれば、ムダと空しさがぎっしりと詰まっているのではないだろうか？　これは、年齢が低い人にも当てはまる。

私は二十代、三十代を学生運動、マルクス主義政治運動に費やした。派手なことはなかったが、自分では半端なことではなかった、と思っている。しかし、これほど有害無益なものはなかった。私の四十代のほとんどは、自分が大きなエネルギーと時間をかけて獲得したものを消去するために費やされたといっていい。

二十代、三十代にもっとも価値あるものとみなしたものを、自らの手で葬り去るなどというのは、何というムダだろう。

ところがである。そういうムダが、有害を振りまくような破廉恥がなければ、現在の自分はないのである。正確にいうと、ムダや有害を振り捨て、かつて抱いた価値観を、知識体系を、さらには人間関係を総清算して、はじめて少しはまともだと思えるような現在の自分があるのだ。

しかも、清算できて、はじめて、ムダや有害が、有益に転化できるのである。

私の大学の研究室には、もはや使うことのなくなった、古紙にもならないマルクス主義関係の本が、ある。消去できたらどんなに気持ちがいいだろう。しかし、書物は廃棄できても、私は私がかつて選び、学び、実践したことどもを

「なかったこと」とすることはできない。法律には「時効」はあっても、思想には「時効」はない、というのが私の考えだ。

マルクス主義と現在の私は、敵対関係にある。しかし、マルクス主義は、私の中に、知識として、価値として、人間関係として、生き続けている。私が現在を生きる糧となっている。もちろん、否定物（かっこよくいえば、反措定）としてだ。マルクス主義は、立派に残って、生きているのである。

5・3 やってよかったと思わない場合も、持続すれば能力が身につく

知識や技術が身につく

とはいえ、どんな仕事でも、やってよかったと思えるまでは、あるていど持続する必要がある。仕事が身につくまでだ。

たしかに「こんなことしなければよかった」という失望感は、いい加減に選んで、いい加減にやったときより、これはと思うことをやったときの方が、ず

っと大きい。なんでこんなことを選んだのだろう、懸命にやったのだろう、という後悔が切実に襲うに違いない。

ところがである。二、三年続けてみるといい。少なくとも、「能力」は身につく。何も身につけぬまま、途中で簡単にやめてしまえば、ただのムダになる。いなにもいやだと思うことをする必要はない。ましてや励む必要などない。いやだ、つまらないと思ったら、すぐやめるのが賢明というものだ。その通りかもしれない。しかし、もうすこし賢明になってみようではないか。

好きなことを懸命にやる。当然、技術が身につく。いやなことをだらだらとやる。だらけマナー(反マナー)以外なにも身につかない。ならば、いやでも懸命にやってみよう。いつまでもというわけではない。技術が身につくまでだ。そんなに長いというわけではない。

技術といっても、手仕事だけのことではない。知的な技術も同じである。あるいは雑用の技術もそうだ。もっといいのはマナーの技術である。もともとマナーとは技術のことだ。これを修得するにはある程度やってみる他ない。ものの本を読んでも、技術を身につけるやりかたのイメージだけはわかるかもしれないが、実際やってみなければ、技術を用いることはできない。トレーニングだ。

どんなにいやな思いを抱いても、二、三年やってみる。そこでえた技術は、まったく違った仕事についたときでも、あるいはどんな人の生き方の上でも、役に立つ。とくに、雑用の技術の場合がそうだ。応用範囲は広い。

それを、失望したからといってすぐやめてしまえば、また一からやりなおしである。少しでも技術なり、マナーなりが身についていれば、ゼロからはじまるということはありえない。持続すれば能力が身につき、その能力が自分の財産となって、次の仕事に生かされるのである。

野球選手ほどのハードトレーニングを積めば、なんでもできる

たとえばプロ野球の選手を考えてみよう。

長嶋や王だけでなく、プロ野球のほとんどの選手は、小学校以来、野球以外

のことに熱中する暇なんかなかっただろう。そんな暇のある人はプロの一流選手になぞなれなかっただろう。だからだれもが「野球以外なにも知らない、できない」という。そういう選手が、野球を辞めて、まったく野球とは関係のない仕事をしたとしよう。

「野球しか知らないものが、どうやって生きるの？」と本人も、周囲も思って当然だ。しかしである。

野球の訓練はとてもハードだ。それをちゃんと積まなければ、練習で実力を発揮することすらできない。選手としての評価をえることはできない。

それに競争相手もたくさんいる。激しいポジション争いの中で、ガッツがなければ生き残ってはゆけない。それにいくら練習をしたところで、練習でうまくいったところで、本番の打席にたって成果を出さなければ、結果はゼロだ。すぐに整理が待っている。

こういう厳しい事実のなかで生きてきた人が、その経験をもとにして、まったく違う職業につく。当初は苦しいかもしれない。しかし、野球で培ったガッツとエネルギーがあれば、およそどんな難しい仕事でもやりおおせる。そうではないだろうか？

いちばんイージーなのは、野球の技術をそのまま「応用」した仕事、野球の人生の延長上に引退後の人生を築こうとすることだ。たとえば、バッティングセンターを経営するなどのことだ。賢いのは、野球でえたどんなハードトレーニングにも耐える集中力と持続力を活かすことである。どんな仕事にチャレンジしても、かなりの線までいけるのではないだろうか。

二、三年、ムダなことをしたと思うことは、ムダではない

野球にこだわっていえば、引退したら、すぐにでも可能な仕事に就くよりは、あらためてこれからなにをやろうかと考え、勉強し直すことだ。激しいトレーニングに明け暮れてきた人の最大の欠陥は、じつは、ムダをしてこなかったことではないだろうか。たとえば、名投手はつねにボールを手から離さないといわれる。野球以外のことを考えないというわけだ。それは、野球をしている間のこととしてならいいだろう。しかし、人生は、一つのことに終始しないのである。

おそらくプロ野球に入った選手の半数以上は二十代で球場から姿を消すだろう。それまでの努力が水泡に帰したことになるのだろうか？　私はそうではない、と断言したい。

私が勧めたいのは、野球をやめたらまずムダをしることだ。まわり道だ。ムダといっても、遊びほうけることではない。いままで味わったことのないことをするのだ。

私などは、もう一度大学に入り直し、これからの人生で何ができるかをじっくり考えるのもいいと思う。何、まだ三十前ではないか。二、三年、ムダと思えるような時間を費やしたって、どうということはない。

ビジネスマンには逆のことを勧めたい。大学を出てここぞと思う仕事に就く。ところが、思いとは裏腹で、気にくわない。じゃあ、すぐ辞めるか。しかし、ここが思案のしどころなのだ。ちょっとだけ賢くなろう。

まずは、野球選手が野球に注ぐほどのエネルギーを仕事に注いでみようではないか。いやと思う仕事にだ。これほど、いやで、人生のムダと思うほどのことはないだろうか？　私にはそうは思われない。いやなことを、二、三年、がんがんやることができるガッツていどのものを持たなければ、長い人生を自力で渡ってゆくことはできないのである。むしろ、いやなことにも全力を尽くすことができるという能力こそ貴重なのである。

おもしろいもので、それが何であれ、全力を尽くしたものだけが、よい記憶として残るのである。

●事例5　だれもが後込《しりご》みするような仕事を引き受けさせられた結果が、……

E君は三十八歳。父親が国家公務員で、普通の家庭で育った。長男で、性格が温厚以外は、とりたてて勉強ができたとか、何かに意欲があるとかそういう少年ではなかった。親が教育熱心であったため、大学へゆく費用はあった。彼は受験勉強をしたわけでもない。かりにがりがり勉強したところで頭角を現すとも思えなかった。

E君は、のんびりしたところで、のんびりと学生生活を送りたかった。本当のところ映画監督になりたかった。しかし、それでは生活はできないだろうと踏んだ。とりあえず、偏差値の一番低い福祉系の大学に入学する。大学時代も、勉強らしい勉強もしなかった。

そんなE君だったから、大学を出るまでは、映画づくりの夢を漠然と抱いたまま、全く将来の自分の仕事というものに向き合って考えたこともなかった。いうならば、行き当たりばったりでも、どうにかなるのでは、という感じである。

卒業後、福祉施設の就職試験では、いったんはねられたが、予定者が辞退して補欠で入った。指導員としてだ。だから、当然のように軽んじられた。もちろん仕事は、給料分は働いたかもしれない。しかし、仕事っぷりもとくに素晴らしいということでもないし、とりたてての能力があるようにも見えなかった。

そんなE君に転機が訪れる。勤めて三年が過ぎていた。きっかけは経理を担当していた人が辞めたことだ。世の中はちょうどコンピュータ時代に入り、経理もコンピュータ管理に移ろうとしている時に当たっていた。一九八〇年代後半、福祉関係のなかでパソコンを操って経理を行うことができる人はほとんどいなかったといっていい。

前任の経理担当者はいわばその草分けで、よくいえばヘッドハンティングされて辞めたわけだ。とりあえず、パソコンに興味を持っていたE君が、その経理の仕事を引き継ぐことになった。そこでE君とパソコンとの本格的なであいがはじまる。

彼は、偶然与えられることとなった部署でパソコンでの仕事と出会うことで、自分のやりたいことを見つけてしまったのである。彼自身で見つけたのではない。しかし、ずぶの素人が経理を担当するなんて、たいていの人なら後込みするだろう。彼はしなかった。パソコンを使ってやる仕事が彼の性格にぴったりだったのだ。おそらく、経理の仕事でなくとも、同じだったろう。

なによりもおもしろいのは、パソコンとつきあって経理からさらに進んで業務管理をやってゆくと、次々と仕事がこなされていくことだ。施設全体の金と人、物の動きがよくわかる。当然、施設にはなくてはならない存在になる。それに、もっといいのは、彼は施設内だけの仕事に留まらず、パソコンシステムに関する技術も知識も自力でどんどん身につけていったことだ。

彼はいま、パソコンを駆使して、もうすこしスケールの大きい施設で、経営管理を行っている。着実に彼の世界がひろがっている。彼はパソコンが「考える機械」であるということを実感している。

しかし、私の見るところ、E君は単なる偶然、幸運で自分の仕事を見いだしたのではないのだ。経理を担当したからといって、給料が上がるわけでも、ポジションが上がるわけでもない。厄介で、しかも膨大な仕事が待ち受けている。しかもパソコン技術も経理能力も自力・自費で修得しなければならない。だれもがやりたくない仕事と思うことを引き受けて、それに耐え、ようやくのこと、自分のやりたい仕事を見いだしたからだ。

しかも、この二、三年はたんなるはじまりにしかすぎない。福祉施設の経理システムを簡単明瞭にする仕事に、E君は自力で突入してゆくのだ。さらに激しいハードトレーニングがはじまっている。

PART 6

やりたいことがわかった、じゃあ君はどうするか？

やりたいことがわかる。なんてすばらしいことだ。すぐ取りかかったらいいじゃないか、と思うだろう。

しかし、やりたいことがわかっていても、いろいろな事情ですぐにでも取りかかれない場合がある。大別すると、客観的な事情と、主観的な事情だ。

たとえば、船大工になって、芸術的な木造の船を造りたい、と思っても、自分でその制作費を調達しないかぎり、ほとんど可能性がないだろう。木造船の注文それ自体がないからだ。それに、船大工の技術を伝える名工が消滅しかかっている。どうやって、船大工の腕を磨いたらいいのか、ということになる。客観的な事情が、許さないのである。

主観的な事情は、いわゆる家庭の事情や、自分の能力の問題である。大学に入った。サッカーを続けたい。関東高校選抜大会で準決勝までいった。まだやめられない。辞めたくない。将来は、教師になりたい。そのために教員免許を取りたい。もちろん、学業もしっかりやりたい。こういう子は、たしかにガッツはある。何がしたいのか、わからないだけでなく、少しも考えようとしない子よりも、ずーっとましだ。

しかし、この三つをすべてやるのは、至難の業なのだ。サッカー部入学、上げ底試験でぎりぎり卒業単位数をパス、というのが落ちだ。よほど手心を加えられないと、教職免許を取得するにたるだけの単位をそろえることは無理だ。

彼は、三つを同時に追えば、やりたいことの三つともを失うか、ぜんぶを中途半端で終わらせるだろう。彼は「頑張る！」というかもしれない。しかし、ガッツで解決できないこともあるのだ。

6・1 やりたいことは試行錯誤の中にある

やりたいことがわかっても、「純金」をつかむようにつかむことはできない

やりたいことがある人、やりたいことを見出せた人は、幸運だ。

では、やりたいことがわかったらどうするか。それが次の問題となる。

大抵の人は、そこで足踏みする。じゃあどうする、ということをすぐには考えない。あるいは、やりたいことに向かって踏み込まない。

少年少女の時はそれでよかった。夢は夢。夢がどうなるか、は遠い将来のことに属することだった。それに、やりたいことは、子どもが手を伸ばせば、丸ごとすぐにつかまえることができるようなものではない。

しかし、青年になれば、そうはいかない。やりたいことがわかったら、次にそれを実現するための準備にとりかからなければならない。これは早ければ早いほどいい。迅速に越したことはない。しかし、現実にはスムーズにはいかないものだ。

しかも、多くの人は、やりたいことがわかるまで、随分まわり道をしているのではないだろうか。その上、やりたいことがずーっと前方にあるとするなら、腰砕けにならないまでも、すぐに取りかかることを躊躇しがちになる。それが普通の心理だ。

しかし、やりたいことを見いだした君、十分にまわり道をしたのだ。即刻、取りかかりなさい。待ってもいいことは何もない。そう思った方がいい。

エッ、存分にまわり道をしたから、もう失敗は許されないって。その決意はいい。しかし、やっと見つかったのだ。時間がないなら、猪突猛進するしかないではないか。私はこういいたいのか？　違う。

やりたいことが見つかった。迷う必要はない。まず一歩をしるしたまえ。ゆっくり歩を進めたまえ。本当の勝負はこれからなのだ。なに、年齢など関係ない。やるべきことをやるだけだ。

君はやりたいことをする力をもっているか？

やりたいことが見つかった。そこへ向かって一歩を進めた。このときの君にもっとも必要なものはなにか？

いうまでもないが、君がやりたいと思うことを実現する能力である。

君はいままで、これがやりたい、あれがやりたい、とそのつど高低にかかわらず、ハードルを越えようとしてきた。しかし、どれもしっくりゆかなかった。ただし、ハードルを越える努力は、さまざまな知識、技術、エネルギーとなって君に蓄積されたのではないだろうか？　何の蓄積にもなっていないって。浪費しただけだって。考え違いしない方がいい。浪費は立派な蓄積なのである。君の浪費は、有形無形に君の身についているのだ。

しかし、君がどれほどまわり道をしてきたといっても、これをしたいと思うことを自在にこなす能力を前もって持っているなどということは、ない、と思った方がいい。プロ（専門職業人）の能力だ。専門的な技術、知識をもっている人のことだ。

大学を出たばかりで、プロとして通用する人は稀《まれ》である。たしかに、野球などでは、西武の松坂投手のように、高卒ですぐプロのトップに駆け上る人も稀ではない。しかし、そういうトップの選手のキャリアーは半端なものではない。

技術がきちんとついている。走力もあり、筋力もある。なによりも、知的な力をもっていることだ。それは彼らが、小さい時からプロでやってゆけるだけの技術や能力、マナーを身につける訓練をしてきたからである。この訓練のエネルギー量と時間を計算してみると、膨大な量にのぼるだろう。

しかし、君は一からはじめるのではない。なにもおそれる必要などない。成果が現れるまで、それを信じて、ひとまずは数年間を懸命に生きることが君に必要な第一のことなのだ。やりたいことに向かう。こんな気持ちのいいことはない。どんなにハードでも、この期間は至福の時なのだ。

試行錯誤の中に、やりたいことが隠れている

やりたいことを見出す場合、棚からぼた餅が落ちてくるように、ポッと発見するということは本当に稀だ。もしそんなことにであったら、それこそ幸運というしかない。

しかし、棚ぼた式にやりたいことが見つかる場合でも、省みてみるといい。自分がいままで試行錯誤でやってきたことの中にヒントがあった、ということを発見するだろう。いろいろやって、失敗したことの中にこそ、無意識に「これだ」というものを発見する萌芽が潜んでいたのである。

やりたいことをする場合も同じことだ。

やりたいことに立ち向かう。たいていの場合は、何の成果もうるところはない。稀に順風満帆もある。しかし、どちらかといえば、大きな困難にであい、大失敗を犯した経緯の中に、じつはやりたいことが実現してゆく普遍コースがある、とみなしてほしい。

考えてみるまでもなく、人生は失敗の連続である。どれほど成功に満ちている人の人生でも、つぶさに調べてみれば、大小にかかわらず失敗を無数に拾い出すことができる。まるで、九九の失敗と失意の結果、その代償として一つのしかし輝かしい勝利が存在したというように見える成功者がたくさんいる。

やりたいことを見いだし、それに邁進している人たちに共通しているのは、なにごとであれ真剣にトライしていることだ。そして、失敗しても、周囲を恨まず、不運だったのだと、自分を励ますことのできる人だ。なによりも、自分はやりたいことをやっているのだ、失敗こそそこへたどり着く一里塚だ、と思える人だ。

そして、おもしろいことは、なにごとにも慎重で、ことの成り行きをあらかじめ予測しなければことに取りかからない慎重居士《こじ》よりも、少々おっちょこちょい気味で、目の前を通り過ぎるものに飛びつかずにはすまない軽薄短小人間のほうが、比較的容易に、やりたいことを実現する方向に向かうことである。

6・2 やりたいことがわかったなら、寄り添ってみな！

ああ、こんな人になりたい！

独立自尊、独立独歩の人がいる。すばらしい。しかし、だれだって、はじめから「重要人物」（サムボディ）ではないのだ。なにものでもない（ノーボディ）のである。

「こんなことをしたい」をいちばんわかりやすくいえば、「こんな人になりたい」である。なりたい「こんな人」が具体的に目の前にいれば幸運というしかない。幼児や子供の目には、両親や学校の先生が、最初のモデルだ。たいていは、しばらくすると、「こんな人にはなりたくない」という反モデルになるのだが。

この意味でいえば、やりたいことは遠い「理想」のように見えるが、モデルを求めると、ぐーんと近くなる。具体的になる。

いい仕事をしている人の大半は、よく学ぶ人だ。「学ぶ」とは「真似ぶ」である。模倣を基本要素とする。両親から、先生から学ぶとは、真似をすることからはじまる。大きくなると、よりいっそう人は学ばなければならない。模倣する人を必要とするということだ。

やりたいことがわかったら、まず勧めたいのは、「先生」にであうことだ。習う・倣う人である。歴史上の「先生」でもいい。自分のやりたいことをすでに実現している人、あるいは実現しつつある人だ。「ああ、こんな人になりたい」という人を身近にもつことができたら、どんなにすばらしいことだろう。

しかし、生身の人は厄介である。「先生」は私の「やりたいこと」にとっては「モデル」である。しかし、先生は私のモデルのために生きているのではない。

モデルをはみ出す存在だ。むしろモデルの部分は、先生の一部分にしかすぎない。

「キリストに倣いて」といわれるが、キリストは全知全能、完全無欠の神だからである。しかも、キリストの生きたように生きるなどはとうてい不可能である。ましてや、先生は不完全な人間である。その全身全霊を受け入れ、自分のやりたいことのモデルとするような先生は存在しないのである。

「先生」（モデル）からは、思い切って、よきところを学んで、悪しきところを無視（看過）する他ない。先生を、歴史上のモデルと同じ感覚で学ぶことが大切になるということだ。

結婚したい人が見つかった！　結婚したら！

結婚を考えたらいい。「結婚したい！」と思う人に出会った。君ならどうする。

まず相手の家庭事情や素行調査を始める人は、「？・」マークをつけた方がいい。こういう人は助走期間が長くて、それで疲れてしまう人だ。こういう人は、最良の結婚を求めて、ババをつかむ性格の持ち主だ。

どんなに相手が自分の思うような「条件」にかなう人であっても、「馬が合う」ということがなければ、カップルになることは困難だ。逆にいうと、馬さえ合えば、少々身長が低くとも、昇進の望みがなさそうでも、両親と同居しなければならないとしても、目をつぶることができる。「結婚したい！」「添い遂げたい！」ということになる。その意味でいうと、結婚したい人と結婚することは、そんなにむずかしくない。

しかし、馬が合えば結婚できるかもしれないが、結婚生活を持続できるだろうか？　そうはいかない。たいていの場合、「あんなに馬が合ったのに！」という後悔が、結婚したその日からはじまる。

「出会った！　馬が合った！　結婚した！」が「うまくいった」ということになるためには、どんなに齟齬《そご》や亀裂が生じようとも、全力で寄り添ってみよう、という意志とその意志にふさわしい行為がなくてはならない。

結婚は簡単である。しかし、それを持続させること、ましてや成功に導くことは困難だ。たいていはなれ合いになり、そのうちに、離婚するエネルギーもなくなって、影のように寄り添うようになる。もっとも、ここまで持ちこたえることができれば、結婚生活は成功だった、ということもできるだろう。やりたいことをやるということも、結婚生活に似ている。試行錯誤の連続だが、最終的には持続する意志が勝利をもたらす。逆説的にいえば、「何ものでもない」（ナッシング）と思えたことでも、持続しさえすれば、「ひとかどのもの」（サムシング）になるのだ。「ちりも積もれば山となる」のである。

間違った道をたどったとわかっても、すぐに引き返さない余裕がほしい

目指すことを実現するには、しかし、意志や持続力だけでは不十分である。実現するための体力、知力、技術力、それになによりも運が必要だ。意志や持続力を持ち続ければ、自ずと、これらの力がついてくる、運がめぐってくる、と思うと大きな間違いを犯すことになる。

やりたいことがあるのに、それに向かって直進しない人でもっとも厄介なのは、一歩を踏み出さない人だ。

そういう人のことを優柔不断というが、私はむしろ「不遜《ふそん》」な人といってみたい。どういうことか。

成功への確信が持てない。確信が持てるような保証がほしい。確信も、保証もなくて、出発するのは危険だ。いま出発する時期ではない。などという人を、なぜ不遜というか？

「不遜」とは、文字通り、「思い上がって、相手を見下した態度をとること」（『新明解国語辞典　第五版』）である。優柔不断な人は、卑下であって、思い上がりとは逆ではないか、と思うかもしれない。そうではないのだ。

この道を行けばかならず成功にたどり着く。そういう道こそ王道で、私はその道をこそ見いだしたとき、敢然と進むのだ。こういう人はできもしないことを公言する人だろう。不遜だろう。確信や確信の保証を求める人は、王道を見いださないと進まない人と瓜二つではないだろうか？　間違いなく似ている。

不遜というゆえんだ。

決めたら、取りかかる。早ければ早いほどいい。「千里の道も一歩から」である。むろん、すぐに障害にぶち当たる。むなしく後戻りしなければならない。「一歩前進二歩後退」だ。こういうことを何度も何度も繰り返して、知力、筋力、胆力がつく。たまには幸運も手伝う。

もっとも、「一歩誤れば千尋《せんじん》の谷」ということもある。しかし、誤ったら引き返せばいいのだ。ただし、すぐ引き返すのはしゃくだろう。それに、迷い道を慎重に探索する必要がある。二度と迷わないためにだ。

ものは考えようである。迷って、むなしく引き返すことになっても、まったくのムダではない。目的にたどり着くことがない道を発見したのだからだ。むしろ、せっかく来たのだから、まっしぐらに後戻りしないで、少しはムダともつきあって楽しんでみようではないか。なにごとにも、誤りを楽しむ心の余裕がほしいものだ。

6·3 やりたいことでは、すぐには成果があがらない

公務員はサービス専業者なのだ

学生の就職希望を聞くと、「公務員になりたい」という人が多い。

本当に公務員になりたいのだろうか？　聞いてみると、一〇人中一〇人が「公務員の仕事」が好きだというわけではないのである。「公務員」というポジションが提供する条件がいいにすぎないのである。公務員は失業しない。休日もきちんと取れる。出世争いに加わらなければ、「業績」にこだわる必要もない。地位が保証されているから、貸し渋りの銀行だって、簡単に金を貸してくれる。

「公務員になりたい」には「公務員としてしたい仕事」がない。「公務員の仕事」がわかっていない。

たしかに、住民のサービス、地域の振興に尽くしたい、とだれもがいう。そ

れはいい。しかし、現実の公務員の何パーセントが、公務員の職業意識を持っているだろうか？

カウンターに背中を向けて住民の相談に応じている人はもうあまり見かけなくなった。しかし、顔ばかりでなく、魂も、住民の方を向いている公務員はどれくらいいるのだろうか？　なによりも問題なのは、住民が働いているときだけ、したがって、役場に来ることができない時間帯だけ、窓口が開いていることだ。最初から、住民のサービスに対応できない勤務時間形態をとっている。

公務員の仕事の中心はサービス業だ。本当なら、二十四時間、寝食を忘れても、こなしきれないほどの仕事があるはずだ。それにしては、ずいぶん悠長ではないか。仕事が遅いのである。民間のサービス業、たとえば、食堂なら、あまりの仕事の遅さにほとんどの人が列を離れて去ってゆくだろう。役場では、それでも少しもかまわない、という風だ。

住民が、窓口を訪れ、用件をいうと、住民側が「ありがとうございました」といわざるをえないような雰囲気なのである。とても公僕（public servant）とは思えない。

こんなようなことを学生にいうと、いやな顔をする。サービス業の意味が分かっていないのである。公務員の職業意識を持とうなんて考えていないのである。

しかも、本当にサービス業をやるには、決意したらすぐにできる、というものではない。まごころがあればできる、とはならないのである。サービスを迅速、確実、大量にこなす知力、技術力、体力、それにマナーが必要なのだ。そして、住民のさまざまなサービスに的確に応じる能力を持った公務員がなんと少ないことか。

教師の四十歳なんて、はなたれ小僧だ

やりたいことを仕事に選んで、取りかかった。熱中する。しかし、なかなかうまくゆかない。うまくゆかないと、たいていの人は、「やりたいこと」にもかかわらずおもしろさを感じなくなる。しだいに熱中することをやめる。要領の

いい人間は、熱心なふりをする。そうやって年を重ねる。試行錯誤を避けるようになる。

たとえば教師だ。四十歳になったらみんなベテランだという。小・中・高みんなそうだ。しかし、いうまでもなく、教師になって十五年あまり、教えるということでいえば新人の部類なのだ。何より学ぶ必要のあるものがどんどん残っている。むしろ増えている。

教えるという点でいえば、教える内容、教える技術もさることながら、学校内外のさまざまな問題や現実に対処する経験においても、まだまだトレーニングを必要とする途上の人なのである。技術も、知識も、人間社会で必要なマナーも身についていない。情熱だけでやっている人はまだしもましである。しかしほとんどは、四十代でエネルギーの噴出をやめてしまっている。

ところが四十を過ぎると、だいたいはベテラン然と振る舞うようになる。なにごとにたいしてもわかりきったようになって、進化をやめる。残念なことだ。

二十年間ていど、あるひとつの職業・仕事をやっても、だれもがベテランになるとはいえない。ベテラン（veteran）とは老練ということで、実戦に強い人のことをいうからだ。仕事で成果の上がらないマンネリ教師をベテランというわけにはいかない。

二十五歳までに成果があがる職業や人生がないわけではない。スポーツ選手や歌手がそうだろう。しかし、その成果を持続していけるかというと、これは難しいことだ。成果を持続していって四十、五十歳になってはじめてやりたいことに花が咲き、実もなるのである。それを持続していってよかったと思う。野球の長嶋茂雄、歌手の美空ひばりのようにである。

やりたいことがある。一所懸命やる。なかなか成果があがらない。これは辛い。堪らない。いっそ捨てたくなる。しかし、成果がそんなに簡単にあがるものではないのだ。

四十歳代までは、猛烈ハードで、ストレスがある

人生五十年の場合、三十代はベテランだった。しかし、人生八十年の時代である。三十や四十というのは、ベテランでもなんでもない。

一つのことをやりとげる、一技術を極めるのでさえ、半生を費やすのだ。だから、むしろ考えた方がいいのは、四十くらいまでは成果はあがらない、ということである。成果は強く求めなければならない。しかし、成果は上がらない、と思いきることだ。これはなかなか以上に辛い。

もし若いうちに成果があがって、いくぶん有頂天になり、ひとまずはこれでいいのだ、と思ったら、痛いしっぺ返しを食らうに違いない。若いときに飛び抜けたことをするが、それ以降、全然芽が出ない人がいる。それは能力のなさからではなく、努力のなさに尽きるのだ。だからだれを恨むわけにはゆかない。自業自得である。

やりたいことがわかったら、まずは続けていく。準備を怠らない。精進を怠らない。むしろ重要なのは、成果を望めども、達しない、と思い定めることだ。やりたいことをやっている、やらしてもらっている、それでいいじゃないか、という「幸運」に感謝することだ。

もちろん、成果が上がらないから、自分の頭上に青空がかすかにも見えない。突き抜けるような青空をみたいと思えば思うほど、ストレスに襲われる。四十代までは、やるべきことをやっている人ほど、辛いものなのだ。

しかし、おもしろいもので、成果は忘れたころにやってくる。それも天からの授かりもののようにである。その時、ふっと心身が軽くなる。すると、自然と、内部から力がみなぎってくる。ギアチェンジして、さらに加速しようとしている自分に気がつくのだ。

こうなると、五十代以降はいっそうおもしろくなる。力強くなる。次からつぎにアイデアが湧いてくる。フットワークがよくなる。

●事例6 やりたいことを実現するには、長期自己改造計画を実施する必要があった

F氏は五十三歳。古く続いた自家営業、地域の名家の長男として生まれた。両親は教育熱心で、彼にトップの大学に入ることを至上命令とした。そ

のため彼は猛烈に勉強する。しかし、奮闘努力のかいもなく、第一志望の大学には入れなかった。もっとも入学した第二志望の大学といっても、世間では一流の評価である。大手を振ってもよかった。

入学したはいいが、どうもしっくりいかない。勉強も楽しくない。家業は嫌いではない。しかし、継ぐわけにはゆかない。両親は「まだ早い」といって反対するにきまっている。それに、まだ家業を継ぐだけの力もない。彼は不安定な心を抱いたまま、学生生活を過ごす。

ぴしっと心が立たない状態は、卒業しても変わらない。「やりたいこと」は自分の家業である。だから、ただちにでも継ぎたい、と心が騒ぐ。しかし、彼にはわかっている。家業を自分の手で経営する新しい技術、なによりも構想力が自分には欠けている、と。

ところが幸運なことに、彼の妻となった人が、彼の生き方を変える力を持っていたのである。彼に欠けていた美的センスを磨く契機を与えたのだ。まったく無縁であったアート関係の仕事とかかわる、あるいはアート分野の人とつきあう、そしてなによりもF氏の美的センスを磨く新しい仕掛けを次々に提案できる女性であった。

F氏はまったく未知の分野、アート関係の「勉強」をはじめる。門前の小僧習わぬお経を読む、の類からはじまった。だが、画廊巡り、美術家たちとのつきあい。やってみると、ぞんがい楽しい。家業(ビジネス)に直接関係はないが、サービス業はなによりも「感性」勝負である。そのサービスを売る商売人に、美的センスが欠けていたら、客を呼ぶことはできない。これが、F夫妻のポリシーだ。

三十代、四十代、労力を、時間を、費用をかけた。しかし、成果は如実には出るわけではない。

三十代の後半に父親が亡くなる。家業の屋台骨を自分が背負わなければならない。たしかに、父親のやり方を踏襲すれば、何とか持ちこたえることはできるだろう。しかし、じり貧になることは目に見えている。

ところがある時、ふっと気づく。自分に投資すること、自分自身が仕事の中心になって誰からも信頼されるような力を発揮できる人間になること。これまでトレーニングされてきた美的感覚や、人間とのつきあいは、そのためのものであった、と。

運営システムを変えたり、施設を改善したり、従業員の待遇を良くしたりする。これはもちろん必要だ。しかし、どんなシステム、どういう施設、どんな従業員が家業の展開に必要なのかとなると、経営の主体である自分自身の人間のセンスいかんがものをいう。

F氏のそれまでの試行錯誤に似たトレーニングはムダではなかった。彼自身がそれに気づく。毎日、毎日が実績を要求するサービス業は厳しい。三十代、四十代はじつに辛い。しかし、困難が生じるたびに、それに対面し、新しい解決策が生まれる。少しずつ自信がつく。まわりの評価がかわる。

彼の転機は、「自分はどういうものであるか」、正確には、「自分とはどういうものでないか」ということに気づかされたときにはじまる。彼は、家業＝仕事に最適な自分自身に鍛え直してゆく長い道のりをたどった。「人間」の構造改革である。「賢明」というのはこういう点を指していうのではないだろうか。

知的で、美的センスをそなえた、社交的な性格が第二の本性としてF氏に育っていく。もともとの自分にはなかったものだ。「自己改造」である。

F氏の努力の成果は、四十代なかばに現れ始める。自分の仕事に自信とエネルギーが満ちてゆくのを感じるようになる。同時に、目を見張るような家業が展開されてゆく。

いまF氏は五十代なかばにさしかかっている。しかし、本当の人生の勝負、本当の人生のチャレンジは、これからであるという。そして、やりたいことを存分に実現しつつある。

PART 7

やりたいことを見つけた。
心おきなくやった。
じゃあ、
どうなると思う？

幸運にしろ、偶然にしろ、自分の努力によろうと、やりたいことが見つかるということは、素晴らしいことだ。そのうえ、やりたいことを心おきなくやった。うらやましいかぎりだ。しかし、それでどうなる？　これを考えてみよう。

たいていの人は、やりたいことが見つからないというのに、見つける努力をほとんどしない。だから、「まあこんなもんだろう」と、目の前にある適当な職業・仕事を選んで終わる。あるいは、見つける努力をするにはするが、中途半端も手伝って、見つからず、ありあわせのメニューのなかから仕方なく一つを選ぶ。こんなのは見るからにつまらなさそうだろう。ところがである。

別にやりたくないことでも、続けていく。ただし、熱心にだ。好きでもないことに熱中できるか、といってはいけない。熱中すると、熱中するから、好きになる、というのが実際なのだ。

押しつけられた仕事でも、熱心に励みさえすれば、だんだん自分にしっくりしてくる。ああ、これが自分の生きる糧だったんだ。目的だったのだ。こういうことを自分はやりたかったんだ。こう気づくようになるから不思議だ。熱心さを欠くと、自分のやっていることに不満、不足しかわかない、というのは本当だ。

自分がすすんでやろうとしたことでもないのに、熱中すれば、自分のやりたいことになる。ましてや、やりたかったことだ。心おきなく励んでみる。すばらしい結果が生まれる。こう考えていいだろうか？　必ずしもそうはならないから、人生っておもしろい。

7·1 最初の数年は、楽しくてたまらない

最初はだれでも欠点に気がつかないものだ

やりたいことをやる。最初の数年は楽しくてたまらないものだ。いや、正確にいうと、ほんの数カ月間は楽しくてたまらない。やりたいことをはじめたのだ。なによりも新鮮だ。辛くたって平気だ。集中し、夢中になれる。

私の最初の出版は、大胆にも翻訳書だった。何とか仕上げた。その話を聞いた栗原祐先生が、原稿を点検してやろう、といってくれた。先生にはマルクス伝他の名訳がある。一週間ほどして、お会いした。こんな風に評してくれた。

たとえば、洋画を観に映画館に入る。真っ暗だ。映画に集中せざるをえない。まわりの人などは目に入らない。ところがそのうち、暗さになれてくる。字幕を読むのに苦労がいらなくなる。そうすると、隣の人の気配、前の方でガサガサお菓子を食べる音、話し込んでいるらしい男女の会話などが気になってくる。

つまり、画面に没頭せざるをえなかったのが、画面から心を少しはなして、余裕をもってあたることができるようになる。まわりが気になり出すとともに、映画から関心がどんどん引け、そのつまらなさや欠点がどんどん見え始める。君の翻訳は、最初まあまあかと思ったが、少したってその調子がわかってくると、次々に不満な点が目につきはじめた。

こういって、栗原先生は、びっしりと鉛筆で書き込まれた原稿を手渡してくれた。

なにも抗するすべはなかった。先生のいうとおりである。翻訳に素人が手を出すと、決まって私のようになる。先生の手が入らなかったなら、翻訳書を出そうとして、誤訳集を出す羽目になったに違いない。

最後に先生はだめを押された。

「どんなに手を入れても、原型が悪くてはなー!」

やりたいこととできることとは違う。そのギャップにすぐ気がつく。


「やりたいこと」を見つけたときは、すでに古くなっている

自分の志望の大学に入ることができた。つまらない受験勉強とはおさらば。これからやりたい学問を思いっきりできる。ところが、こういう意欲のある学生ほど、「五月病」にかかる。入学して、一、二カ月。五月のゴールデンウィークまでは楽しくてたまらない。なにもかも新鮮に見える。たっぷり時間もある。

ところが、ゴールデンウィークが過ぎる。天気はいい。授業は思ったほどではない。教室は人で満ちているが、遊びやアルバイトの相談ばかりだ。それに、ひとわたり大学の調子もつかめた。今日の授業に全力を注がなくとも、特にどうということも起きない。大学が消えてなくなるわけでもないのだ。

目指す大学にはいることが目的だった。その目的は達した。次の目的はまだ見つからない。ま、時間はある。そのうちなんとかなるさ。望むことは、すでに満たされた。もう過去のものになってしまった。さてどうするか？　ここいらで一服つくと、四年間があっという間に過ぎてしまう。

どんなにおいしい、味わってみたいと思った食事も、味わってしまえば、そのおいしさは経験済みのもの、過去のものになってしまう。経験する前は未知の輝きをもっていたが、経験してみると過去のものになり、魅力は半減する。もちろん、味わっても、なお味わいつくせない魅力のあるものももちろんある。味わったからこそ、その味から離れなくなるものもある。しかし、たいていは、夢中や執着の対象でなくなるのだ。

最新のものはすぐに色褪せる

過去のものは、過ぎ去ったもの、捨てるべきものだ。目新しい未知のものが目の前に広がっている。それを拾い上げないでどうする。それに新しいものを身につけることが若者の特権だ。こう考えるのが若者の常だろう。いな、若ぶることをよしとする中年たちの共通の思いかもしれない。

ところが、新しいことのほとんどは、すぐに消えてゆく。これだと思って飛びついたものが、雲散霧消《うんさんむしょう》する。新しいものとつきあうのは、そういうフワフワしたものの中に身を置くことである。私は、このフワフワしたものとつきあうことを少しも否定しない。むしろ危険なのは、評価の定まった「定型」だけを選んで生きるようなスタイルである。ステレオタイプという。

しかし、フワフワしたものに過大な期待をしてもはじまらない。色褪せたものは、消えてゆく。それに託したエネルギーは、宙に浮いてしまう。

「やりたいこと」とは、そんなフワフワしたもの、目新しいだけのものではないだろうか? なに、Aが消えても、Bがある。波乗りのように、現れる波頭に次々に乗り移ってゆけばいいじゃないか。次々にやりたいことが現れる。こんな素敵なことはないじゃないか。こういうことはできる。たしかにその通り。しかし、こんなことは、曲芸の類である。天才にだけ許されることだろう。

7・2 どんなに好きでやりたいことでも、仕事となるとつらい、たまらない

「好きなこと」をすると、かえって心の負担が重くなる

どんなに好きでやりたいことでも、それが仕事となるとつらくなる。たまらなくなる。これが通則だ。

すでにのべたように、漱石は小説が書きたくてたまらずに大学の教師を辞める。日本人最初の英文学教授を目前にしてだから、よほど小説家になることが

魅力だったに違いない。事実、漱石自身も、そのようにいっている。

しかし、いざ小説家になってみると、小説を書くこと自体は、いやというわけではないが、辛く、たまらない仕事だということがわかる。つまり、仕事＝本業であるということは、それだけで心理的圧迫を加えるわけだ。

それに、教授という重要なポストを捨てたのである。作家という仕事で何ほどの成果も上げえなかったら、失敗という烙印《らくいん》を押される。好きでなったからこそ、重圧は重くなるわけだ。『吾輩は猫である』『坊っちゃん』と、ユーモアと冒険心に富んだ作風が、どんどん重々しくなっていったのは、漱石の心的状態の変化と関係があるだろう。

趣味で向かっていたときと、仕事として義務でやらなければならない、成果を上げなければならない、世間の評価もえなければならないときとでは、心理的ストレスの落差はものすごく違うのだ。

やりたいことをすると、あれも捨てる、これも捨てるということになる

黒澤明監督は映画は編集だという。もちろん、これは黒澤だけのことではない。

映画制作は、脚本、キャスト、スタッフが決まらなければはじまらない。本番がはじまると、数カットごとに撮影をしてゆく。上映する順序に撮ってゆくわけではない。それに、何度も何度も撮り直しがある。膨大な長さのフィルムを撮ることになる。撮り終わっても、制作の仕事の半ばをすぎたにすぎない。映画のよし悪しは、その後の編集によって決まる。切ってはつなぐ編集を重ねてやっと完成品ができあがる。撮影した全フィルムの何分の一が残ることになるだろう? 大部分は切り捨てられるのである。

同じことが、やりたいことをすることにも当てはまる。やりたいことをするには、つらいこと、我慢しなければならないことに耐えて、はじめて可能だということだ。むしろ、楽しいこと、自由奔放に振る舞いたいところを、切り捨

て、振り払わなければならないのだ。しかも、辛いところ、我慢のしどころが、隠れていなければ、成功しない。好きなことをしているのだ。他人の前では、苦虫をつぶしてやるわけにはゆかないだろう。

他人の仕事はよさそうに見える。辛いところが隠れているからだ。いざ自分の仕事になると、それがどんなに素晴らしいことをやっていても、辛い。その仕事が好きであるほど、辛くて辛くてたまらないのである。

仕事が楽しくて仕方ないだって！　君はまだプロではない

だから、やりたいことをやっているのだ。辛さなんかまったく感じられない。楽しくて楽しくてしようがない。こういう人は、まだたいした仕事をしていない、と思ったらいい。プロではないし、たいした生き方をしているわけではない、と考えたらいい。

夢のようだ、というのは、地に足がついていないということだ。地に足がついていないということは、羽目板をはずされると、奈落《ならく》の底に転落するのである。

私も経験があるが、多少なりともうまくゆくと、有頂天になる。天狗《てんぐ》になるわけではないが、多くの人に支えられて自分が立っているということを忘れがちになる。踏み台の上に立っているのに、自分の身長が伸びた、と錯覚してしまう。

人をだめにさせる最大の方法は、好きなことをやらせ、好き放題にさせ、褒《ほ》めまくることだ。いうところの褒め殺しである。これによく抵抗できる人は少ない。

頭がシャープで、集中力も持続力にも欠けていない人が、若いときに評判をとったまま、いっこうに頭角を現してこないのは、褒め殺しにあった、と思っていいだろう。

ただし、これぞと思えるプロ中のプロでも、褒め殺しには弱い。つい脇が甘くなる。自己評価が甘くなる。ましてや新参者は、くれぐれも舞い上がらないように、といいたい。

7·3

やりたいことはハードだ。それでも、やりたいことだから、耐えることができる

自分が選んだんだ。だから耐えることができる

やりたいことがあってもなくても、一所懸命やればいいんだ、私はこのようにいってきた。夢中になって事に当たれば、そのことが好きになる、ともいった。その通りである。

しかし、同じ一所懸命になるのなら、やはり、自分のやりたいことで、やりたい。同じ苦労をするなら、好きな人と結婚したい。同じ苦労を要する仕事ならば、自分の選んだものでありたい。これが基本だろう。本望だろう。なぜか。

自分が選んだのである。無理に押しつけられたのではない。嫌々ながらではなく、自らすすんでのものだ。どんなにハードでも、忍耐を必要とするもので

あっても、耐えることができる。耐えてやろうじゃないか、という意地が生まれる。ガッツだ。

だからこそ、やりたいことを見いだすことが重要なのだ。自己選択には自己責任が伴う。

必要なものがいつでも、無数に目の前にぶら下がっている。どれを選んでも、結局、同じだ。こういう状態の中にいると、能動的に自己選択ができなくなる。自分のやったことに、自己責任を感じることができなくなる。せいぜいのところ、失敗すれば、やめればいいんでしょう、と居直ることになる。これじゃまずいのだ。

時間がないから、本が読めないって?!

新聞記者、教師、編集者、本来ならば本を読まずには仕事ができない職業だ。ところが、この種族、本を読む人は稀だ。理由は、異口同音に、「忙しくて読む時間がない」である。

じゃあ、最近どんな本を買ったの、と聞くと、本屋に行く暇がないという。そうじゃないだろう。仕事に忙しくて読む暇がない、ではないのだ。仕事に忙しい人ほど、時間がない人ほど、本が読みたくなるものだ。高校の定期試験の時、盗み読みするように推理小説を読んだ経験がないだろうか。そういうときほど、読書欲は高まる。

読書に割《さ》く時間、ゼロ時間。どうするか。トイレで読む。待ち合わせ時間に読む。通勤電車中はもちろん最大の読書時間だ。時間が窮屈になればなるほど、読書が困難（ハード）になればなるほど、読書に集中力が増す。これが人間の本性である。

きちんと仕事をやっていない。ちんたらちんたらした仕事しかしていない。そういう人に、読書など必要ない。第一、必要が湧かない。

仕事がハードだ。だから耐えることができる。ハードだからこそ、耐える力が生まれる。ましてや、好きなことだ。耐えることに悦びが湧く。誤解を恐れずにいえば、この悦びは、マゾヒストの悦びに似ている。自己修練に耐える悦びというのが正解だろうが。

やり通してみて、はじめて自分の後に道ができていることに気がつく

やりたいことを見つける。それに没頭する。しかし、あれもこれも、予想外のことまで、失われてゆく。いちばん大きなものは、自分を慈《いつく》しんでくれた家族をはじめとする親和世界かもしれない。

成功とは失った望みの代償でもあるのだ。しかし、どんなに望まなかったとはいえ、生家を捨て、故郷を見限り、文学を振り払い、農政学と官僚世界と別れを告げたその果てに、柳田国男《やなぎたくにお》の民俗学上の成功はあったのである。

柳田は、彼の前に可能性としてあったさまざまな道を、自らの手で遮断した。彼は道なき道を進まなければならない。すでに四十代半ばに達していた。しかし、おもしろいことに、彼が捨てた家郷《かきょう》、文学、官僚世界、農政学が、ふと振り返ってみると発見することができた民俗学の道に続いているのだ。民俗学の道ができると、その道に彼が捨てたすべての道がつながってきていることがわかる。

やりたいことは、やり通されることを待っている。やり抜かれて、本当にやりたいことであることがわかる。しかも、やりたいことのために断念したことも、やり抜いてできあがった成果の中に活かされているのである。

●事例7 すすんでハードなハードルを自分に課す

G君はいま二十七歳。高校を卒業し、偏差値五〇程度の私立大学の経営学部に入学した。そこではじめて、勉強が楽しくなる。ゼミの教授がよかったせいもあるだろう。しかし、本当のところはこうである。

G君は、いままで勉強を義務として、あるいは、受験の手段としてしか感じられなかった。ところが、大学では、勉強するもしないも自由である。好きなものができる。こう思って、集中してみると、おもしろくてたまらない。はじめて、学ぶことの悦びが彼に訪れた。

学んでいることの内容を深く理解できた、というわけではなかった。自分のいま向き合っている課題に、一所懸命取り組むことによって、その一所懸命やっていること自体が楽しいのだ。内容というよりも、熱意がたまらなく心地いいのだ。

ある日、G君が私のところに相談にきた。大学院に残って勉強したいという。家庭環境もそれを許す。しかし、何をやったらいいかまだわからない。わからないまま、結局、国立の大学院に一年間研究生として入り、大学院の試験に受かって、マスターコースを終えた。この修士課程は三年かかった。

今年、初夏、G君からハガキが送られてきた。博士課程に入学したが、途中で、運良く国立大学の助手になれたという。

G君が、大学教授にあっているかどうか、私にはわからない。これからが大変だろうと思う。しかし彼は学ぶことが好きで、学ぶことを続け、学ぶためのポストを得たわけである。その間、五年あまりだから、これはポストを得るという点でいえば、速い速度だ。

彼は、自分のことを幸運だ、というだろう。しかし、私からみると、自分で選んだ道を着実に選んできた結果であると思うのだ。

現在の日本の社会に生きる日本人は、恵まれている。だから、むしろ困難な道を行くのが難しい。安きにつきやすい。G君は「最初から君なんか入る場所はないよ」という領域に臨んだ。もちろん、努力したに違いない。その努力は報われた。

しかし、といいたい。G君が本当にやりたいことをみつけるのはこれからなのだ。大学教授というのは、そこに居続けるのはやさしいが、ひとかどの仕事を持続してゆくのはやさしくない。これからの時代はとくに厳しい仕事の一つになる。しかも、まだ助手だ。契約制だから、三年間で助手の任期が切れる。そのときまでに、彼は何事かを成していないとしんどいだろう。

でも、彼は自分の選んだ選択は誤りではなかったということを噛みしめながら、さらに努力するだろう。遠からず、「やりたいこと」を見いだすだろう。そう念じずにはいられない。

PART 8

やりたいことは、君の前にいくらでも転がっているのだ。問題は、拾おうとしないことではないのか?

やりたいことがなかなかみつからない。つらいことだ。

しかも、やりたいことが見つかって、全力で進むと、責任を負わなければならない。困難にも耐えなければならない。これまたつらい。

だから、心的には、やりたいことを「これだ」と決めず、いつまでもぐずぐずしているほうが楽だ、ということになる。イージー・ゴーイングである。

しかし、どんなにつまらないと思えることでも、それを選んで、力を込めてそれをやり通すことができれば、かならず「つまらない」と思えたことにも大きな意味を見出すことができる。

私の両親の世代（大正生まれまで）がそうだった。決して自分が送ってきた人生を悔やまなかった。これは、自分がやりたいと思う人生を送ったのではないということ、自分にはもっと別な人生があったんだ、と思うことと少しも矛盾していないのだ。

自分はやりたいことがあった。しかし、諸般の事情で許されなかった。唯々《いい》諾々《だくだく》と続けてきた時期もなかったわけではない。持続に耐えた結果は、悪くなかった。自分の人生にピリオドを打つときを迎えて、「まあいいか」、「まずまずだ」と思えるようになったのである。

つまり、私たちの目の前にあるどんなものでも、拾いだし、磨きあげることに全力をあげたら、それがやりたいことになる、といって間違いないということだ。

人はよく、職業に貴賤はないという。やりたいことにも貴賤はない。いい悪いではない。貧しい尊いはない。どんなものを選んでも、どんな人生を歩んでも、等価なのだ。ただし、一所懸命という条件が付く。

全力を尽くせるものに出合うということは重要だ。しかし、もっと大事なのは、なんにであれ全力を尽くすことだ。

こんなつまらないことに全力を尽くせるわけはないじゃないか。そう思うこともあるだろう。例えば、家事である。全力を尽くしたって、どうということもない。そういう人もいる。

しかし、よき家事は、子どもに栄養と健康を保障する。亭主が満足に会社で働くことを支える。家事なくして、衛生と安眠のゆき届いた生活環境を作り出すことはできない。なるほど家事の大部分をサービス業にまかせることはできる。しかし、そのための支払いは普通の家庭では無理だ。

自分が全力をあげられるものを見出すことは重要だが、もっと大切なのは、どんなものに対しても全力をあげるということ。問題は、目の前にあるものを拾いあげ、それに全力を注ぎこむことだ。かならず、「宝」が生まれる。最後の宝とはいわないが、自分の分身ができる。こう思ってまちがいない。

8・1 人間は、目の前にあるものをあえて拾おうとしない性癖をもっている

山のあなたの空遠く、幸い住むと人のいう……

私の家は、石狩《いしかり》平野の東端に連なる丘陵群の一つ、三〇〇メートル弱の馬追山の中腹にある。標高二〇〇メートルもないだろう。

私の家から西二〇キロ先に、一〇〇メートルくらいの小高い丘が連なっている。札幌に出て、車で帰宅するとき、その丘の頂点を通り抜ける。フロントガラス越しに馬追山を望むことができる。信じがたいほど高く見える。聳《そび》えたっているような感じを受けることさえある。

ところが、その丘をすぎ、標高ゼロメーターの水田地帯が広がる平地から馬追山を見ると、こんもりともりあがった丘陵以下というふうにしか見えないのである。

どんな山でも、麓《ふもと》から見ると、一番高く見えそうだ。実際はそうではない。馬追山も、麓からは姿さえ見えない。むしろ、高地から遠望すると、とても高く見える。

これと同じことが人間の心理にも起こるのだ。自分の身近にあるものは、周囲がどんなに高く評価しようとも、尊くは見えない。まさに卑近である。憧れ、憧憬《しょうけい》は遠望から生まれる。

ライオンのように怖れられた皇帝ナポレオンでも、その召使いにとっては、見栄っ張りで、気むずかしいただの中年男にすぎない。これが人間の心性だ。

家業を継ぐのは、だれでも躊躇する

世間常識からいえば、光り輝くような事業を展開しているオーナーがいる。ビジネスマンなら、だれでもその事業を引き継いで、存分に実力を発揮してみたい、と思わずにはいられない。

しかし、それが家業だったらどうだろう。家業がどんなに素晴らしく見えても、子どもがそれを継ぐということになると、事情は別になる。

堤清二《つつみせいじ》は、西武百貨店を起点に、バブル期には世界展開をはたしたセゾングループの総帥《そうすい》である。その彼が辻井喬《つじいたかし》という詩人・小説家の名前をもつ。かつては社会主義革命志願者でもあった。若いとき、父で西武鉄道、西武百貨店の創業者、衆議院議員（自民党）父康次郎に反抗し、共産党に入り、学生運動に傾斜し、家業と決別した経験をもつ。

私の家は、雑貨商だった。いってみれば、村の「百貨」店である。父は二十代で家業を受け継いだ。家業が最大隆盛を誇っていたときである。しかし、政治に熱中していた祖父に強制され、いやいやながら家業を継いだのである。

私は、本来ならこの家業を継がなければならなかった。しかし、一九六〇年、大学進学という「正当な理由」をつくって、大阪に「逃亡」し、実家に戻らなかった。一九八三年、実家に戻ったが、家業はすでに潰れていた。

目の前にあって、手の届くものに、想像力の翼をはばたかそう

目の前にあるものをあえて拾おうとしない。それが人間に共通する性癖である。遠くにあるもの、自分の経験の中にないものに憧れ、チャレンジしようとする。だから、どうしても、「やりたいこと」を身近から探しだすことに躊躇するのだ。この性癖（自然力）は、一面では、素晴らしい。想像力をかきたて、どんな困難にも屈しない気概を養う。

しかし、自分の近くにあるものを、無視し、捨てて省《かえり》みないという「現実」軽視に落ち込ませる。場合によっては、誇大妄想狂に仕立て上げる。我が身を滅ぼさせるのならまだいい。しかし、多くの人に、ひいては人類に大災厄をもたらす。マルクスが考案した共産主義思想がその典型である。あるいは、サリンをまいたオウム真理教である。

想像力を発揮する人は、現実を無視する人ではない。身近にあるごく平凡としか思えないものの中に、価値あるものを発見し、それを実現するために全力をあげる人である。

シュリーマンは、だれもが想像の産物にしかすぎないと思って読んでいたホメロスの詩から、古代トロイの遺跡の実在を想像し、生涯をかけてその発掘に挑んだ。

もちろん、想像力は、しばしば妄想に終わることがある。それでも山の彼方にある想像物より、眼下にあるものに想像の翼をはばたかせるほうが、想像力あふれた行為である、というのが私の考えだ。

8・2

人間は、どんなものをも好きになれる動物である

人間はあらゆるものを対象にする

食い物の好き嫌いをいいたてる人は、嫌いだ。屁理屈めくが、人間はどんなものでも食べることができる存在、雑食性が人間（本）性である。食べ物に好き嫌いがないということが人間の特徴なのだ。たんに食べず嫌いにすぎないものが、好き嫌いを云々するな、といいたい。

この点を承知していて、あえて好き嫌い、嗜好（テースト）をいう人は別である。「味」が問題の中心になるからだ。開高健は食通で知られていた。口に入るものならどんなものでも食べることをいとわなかった。その上での「食通」である。

また、人間はどんなものでも好きになれる。「蓼《たで》食う虫も好きずき」という。これは非難していうことではない。人間は、あらゆるものを好みの対象にでき

るということだ。これが、どんな方向にも可能性を認め、伸びてゆこうとする人間力の普遍性の証である。

だから、意識さえすれば、人は目の前にあろうが、遠くにあろうが、好きなものを選び、アタックすることができるのである。しかし、残念ながら、とりあえずは、自分の目の前のものを、無視し、忌避する方向へと走る性癖があるのだ。

京都人にとって平安神宮は通路にしかすぎない

自分の近くにあるものは、いつでも手に入るもの、だから、あえて求める対象ではない。

私は、学生時代から二十三年間、関西に住んでいた。大学に入りたての私は、物珍しさもあって、毎週末、奈良や京都に行っては、寺や仏像などを終日あかずに見ていた。友だちもいなかったという寂しさも手伝ってはいたが、奈良市内からひなたぼっこするようにぶらぶらと飛鳥あたりまでよく歩いた。当時は観光客もいなく、閑散としていてのどかだった。

しかし、二、三年もすると、京都、奈良へはいつでもいけるという気がするようになった。そして、ついにうかうかとあとの二十年間は、用事以外では、足を向けることなくすぎてしまった。

別に暇がなかったわけではない。好みが変わったわけでもない。手近にある、いつでもいける、いま行く緊急の必要はない。そういう思いで過ごしたのである。

修学旅行の時、平安神宮の前で写したクラス全員の写真がある。いまでは特別の思いがする。しかし、京都人にとっては、平安神宮は通路の一つなのだ。私もまた、しばしば、社殿を一顧もせずに何度あの大鳥居をくぐったことか。


手近なものを慈しんでみよう。光り輝くに違いない

自分の近くにあるものは、光り輝かない。いつでも手に届くところにあるからだ。むしろ、忌避の対象になる。自分の好みや選択を邪魔する存在に見えてしまう。

しかし、一度、手に取って、慈しみの心で見るといい。最初は、あいかわらず何の変哲もないままだろう。しかし、だまされたものと思って、心からつきあってみよう。楽しくなるだけでなく、つまらないものに見えたものが、輝きだす。

残念ながら、人は手近のものを慈しむことをしないのである。手近なものからどんどん遠ざかってゆく。しかし、いつかかならず逆転の時がくる。かつて手近だったものが懐かしくてたまらなくなる。慈しみの対象として抱きたくなる。しかし、たいていは、遅きに失するのだ。すでに、滅んだ後だからだ。

本当のことをいうと、長所を発見しようと思えば、どんなものにでも発見できる。どんな人間とも恋愛感情をもつことができる。あんなやつ二度と会いたくないという蛇蝎《だかつ》のごとき相手でも、長所をやすやすと発見できる。ましてや、手近なものだ。もともとは、親和関係にあるのだ。どうして、その長所を発見できないだろうか。手に取り、慈しむことができないわけがあろうか。

8・3

目の前にあるものにやりたいことがあった、というのは後で気づく

遠くを思えば、「一歩」を手近に求めない

「君子の道は、たとえば遠きに行くに、必ず近きよりするが如く、たとえば高きに登るに、必ず低きよりするが如し」（中庸）

この通りいったらどんなにいいだろうと思う。人間世界も、人生もずっとよくなるだろう。しかし、これは「君子」（賢者）が行く道である。多くの人間が歩む道ではない。

人間（普通人）の性癖は、まず遠くに目がいく。自分の手近にないものに自分の欲望、希望が向かう。遠くにあればあるほど、あらまほしく思う。人が夢見る理想郷とは、「どこにもない場所」（ユートピア）のことだ。行き着くことのない場所である。

そして、遠きを思うだけで、いつまでも出発できない。これもまた人間の特徴だ。

出発しようとすれば、手近の足場をすっ飛ばし、一気に遠くの「目的地」へと飛翔しようとする。だから、偉大な理想を抱いて、卑小な手段に訴えざるをえない。かならず失速し、墜落する。人類の歴史も、個人の歴史も、こういう錯誤に満ちている。もちろん、私もそんな失敗の典型を歩んだ。

ところが、人間というのはしぶとい。どんなに歴史の誤った前例を見せつけられても、学ぼうとしない。自分は別だ、といって、同じ錯誤を繰り返すのだ。

「後悔」は後でこそ立つ

身近を無視し、遠くを憧れ、そこに駆け上がろうとして失敗する。だが、その時、「近きよりはじめる」ことの大切さに気がつく。

自分の目の前にあったものを大事にし、それからはじめればよかった。これは後悔である。しかし、かつてあったものはすでにどこにもない。後悔先に立たずである。

後悔してももう遅いだろうか？ そんなことはない。やりたいことをはじめるのに、遅いということはない。かつてあった身近なものではなく、いま目前にあるものから「やりたいこと」を見いだせばいいからだ。

じつをいえば、「やりたいこと」が本当の意味で見つかるのは、人生の半ばをすぎてからなのである。存分に「後悔」できるだけの経験を経た後なのである。悔やむだけではじまらない。半生をバネにして、出発するのだ。

あっていい「未練」もある

若いとき、家業を継ぐのがいやで、父親に逆らって家をでる。四十代になって、家郷に戻り、家業を継ぐ。こういう人に会うことがある。きまって、自分がよかれと思って選んだ仕事に限界を感じた、あるいはリストラにあった、もう家業に就くしかなかった、という言い方をする。リターンは「あきらめ」から、というわけだ。

しかし、そうだろうか。正直に自分の思いを語っていないのではないだろうか？

こういう人の多くは、これぞと思って自ら選んだものでも、「なんでこんなものを選んだのだろう」、「なんてつまらないことをやってしまったのだろう」と後悔しながら、三十になり、四十、五十になる。そして、行き場を失って、家郷に戻る。家業を致し方なく継ぐ、という形になる。

しかし、自分の心の奥をよくのぞき込んでみるといい。なぜ自分の選択を後悔したのか、と。それは、自分が捨てた家業への思いが残っていたからではなかったのか。自分の手近にあったものへ慈しみの心を向ける心性が欠けていたことへの後悔ではなかったのか？

どのような経緯を経るといえども、「やりたいこと」を見いだすことは尊い。たとえ、永遠に戻らないとしても、家郷を、家業を慈しむ心を発見するのは、素敵だ。

●事例8　目前のものと懸命につきあうと幸運がやってくる

H子さんは五十八歳。子どもが三人いるが、独立している。離婚して、シングルライフである。特に働かなくてもなんとか生活できる「収入」はある。しかし、接客関係の仕事をアルバイトでずっと続けてきた。

彼女の素晴らしいところは、どんな仕事を与えられても、それを慈しむことができる能力だ。いってみればチェーホフの「可愛い女」のようである。仕事だけじゃない。自分の目の前にいる人をすぐに好きになれる。少し短慮でがさつなところがあって、仕事でも、人間関係でも、トラブルをしばしば引き起こすが、めげない。こういう人は傍目には幸福である。

彼女は離婚をした。十分には豊かな生活を送ることはできない。子どもたちとも別れての一人住まい。孤独で寂しい晩年がはじまっているかにみえる。

しかし、彼女は、どんな場合でも、現にいま自分のやっていることを好きになれる。自分の目の前の人と意気投合できる。自分のやりたいことは「これだ！」、と指摘できなくとも、自分の与えられたものを愛し、それに全力を注ぐことができる。これほど楽しく、気分のいいことはないのではなかろうか？

私が観察するところ、これはH子さんに天性のものではない。自身が歩んできた人生の体験からつかんだ「知恵」のようなものだろう。

小さいときからすでに家庭がなかった。美貌ゆえに、言い寄る男性によって翻弄《ほんろう》された。かつての夫もそのうちの一人だ。女性からは嫉妬で取り囲まれる。周囲の人間関係をよく観察し、未来を見すえて行動しようとしても、自力では無理である。

ならば、今やっていること、いまつきあっている人に熱中しよう。たとえそれがすぐさめるものであっても。こう思えるようになるころには、四十代の終わりにさしかかっていた。経験の「知恵」というものは、長い時間を要するものだ。しかし、いったんえた体験からつかんだ知恵は、消えない。貴重だ。

H子さんが、さらに幸運だったのは、自分のやったことが特別評価されなくても、めげないことだった。ある意味では、脳天気ともいえる。しかし、やりたいことをやっている、その上に評価を求めるなどは贅沢だ、と思えるのは、幸運な性格なのだ。

手近なものを愛し、そこに満足を見いだす賢明さを、あなたも学んだらいい。

PART 9

平凡だが、「やりたいこと」を見つけるもっとも確実なことは、いま与えられている課題をしっかりやることだ

「偏差値五〇で大学教授になれる」(『大学教授になる方法』)

このフレーズをほとんどの人は眉唾物と思っただろう。しかしギャグではない。本当のことなのだ。もちろん条件はある。その条件が誰にも不可能なものであっては意味がない。

私の条件は、「十年間、研究生活を欠かさない」というものである。大学教授になりたいのは、研究したいからだ。そのしたい研究を十年続けると、大学教授になれる。なんてたわいないことだろう。にわかには信じがたい。こう思われて当然である。

一日、全力を挙げて研究活動に励むのは、そんなに難しくない。十日間ならたいていの人には可能だろう。百日間はどうだろうか。一年は。ちょっと難しい、と思わないだろうか。ところが、十年間である。どんなに好きな研究だとはいえ、欠かさずに専念するのは難しい。毎日、一段、一段ペースを崩さずに日を重ねて登ってゆくだけでも、想像以上に難しいだろう。

理系ならば、休日は研究室が完全に閉まる正月元旦の午前だけというところか。半導体理論の権威の西澤潤一《にしざわじゅんいち》博士の若い時代は、まさにこれを絵に描いたような研究活動をおこなっていた。文系は、書斎は自前だから、使用無制限である。三百六十五日、二十四時間が研究日である。私は典型的な凡人だったが、若いとき、一日でも机にむかわない日ができると、とんでもなく堕落した、と感じた。

もちろん、これは大げさにいっているのだ。重要なのは、いま目の前にあるものを愛し続け、それに全力を注ぎ続けることができるかどうかだ。ところが、十年先をにらんで、今日一日を確実に怠りなくやり抜くことは、一日なら誰にでもできる平凡なことにすぎないが、非凡な人だけができるのである。

9・1

やりたいことが見つかるまで、何もやらないと、何もしない人間ができあがる

やりたいことを見つける確実な道

「私はやりたいことを見つけるもっとも確実な方法を知っている」というと、「まさか?」という顔をされる。

やりたいことを見つけるもっとも確実な方法は、いまやっていること、いま与えられている仕事、課題を全力でやることである。

いま与えられている仕事、課題というものを抜きにして、それとは別のところに何かやりたいことを見つけなければ人生はつまらないと思っている人は、やりたいことは絶対見つからないといっていいだろう。

もし「これがやりたいことだ」というものが見つかったとしても、それはただ横目でみて、やりたいけれどやれないなと思っているしかなくなる。

つまりやりたいことが見つかるまで、何もしないで待っている、いつか見つかるだろうと待っている、そういう人は一生見つからないと思ったらいい。

つまらない仕事を、つまらなそうにやって、つまらない人間になった

やりたいことを見つけるために、定職に就かず、フリーアルバイターをしている人は多い。しかし彼らのなかで、本当に自分のやりたいことを見つけられる人は、ひとつひとつのアルバイトを賢明にやる人だ。金のためではない、またヒマつぶしのためでもない。どんな注文にも一所懸命応じようという人である。そういう人はだいたい、いつか自分のやりたいことを見つけてフリーアルバイターを卒業していく。

ここよりもっといい仕事があるんじゃないかとか、これは臨時であって仮の仕事だから、金さえもらえればいいんだなどと考えているのは、つまらない仕事をつまらなくやって、つまらない人間になっていくのがおちである。

そこに、自分に与えられた課題が好きか、嫌いか、やりたいかやりたくないかは関係がない。

嫌いなことを淡々とやるからプロなのだ

いまある課題、問題をきちっと全力をあげて的確に処理していく。こういうことができなければ、やりたいことが見つかってもやりたいことは自分の目の前を素通りしていくだろうし、逆にいうと、どんなやりたいことが起きてもそれに手がかからないような何もしない人間ができあがる。

まあそれでも、三十代の後半になれば誰でも何事かするものだ。二十代も三十代も四十代もイージーライダーでクレイジーに生活を送っている人は稀だろう。そういう生活を続けている人がいるとすればすごいエネルギーだと思う。別に誉められたことではないが、うーん頑張っているじゃないかと声援を送りたくなる。

ただし、いまやっている課題からやりたいことが見つかるかどうかの必然性はない。フリーアルバイターをやっていることが、一生の職業になることはないと思っていい。

フリーアルバイターをやっていろんな力が付いてきて、その力を買われて、君これをやらないかと抜擢《ばってき》されるということはある。それはいまやっている仕事とは違うかもしれない。だいたい違う場合が多いだろう。あれもできるからきっとこれをやったら面白いんじゃないか、あいつにやらせたら何かやるかもしれない。そう思わせたということだ。そのときに、抜擢された仕事が自分のやりたいことであったと気づく場合もある。

9・2 いま与えられている課題は、やりたいことにつながらなくとも、一所懸命やると、かならず成果が出る

いやで堪らないものは、やっつけてしまうほかない

体がだるく、心が倦《う》む日はだれにだってある。なにも手につきそうもない。
体に力が漲《みなぎ》り、気力が回復するまで待つか？

私は、朝起きたら、寝間着にガウンを羽織るだけですぐに仕事を始める。もちろん顔は洗う。しばらくすると頭が回転し出す。その時、服を着替えて、本格始動。この間三十分かからない。これを、起きてから、頭のぼんやりが晴れるまで仕事の開始を待つと、倍以上かかる。

二日酔いの日、心身がしゃきっとするまで仕事の開始を延ばすと、ずるずる午前中をぼーっと過ごす。頭や体がだるいのも何のその、机に向かって、しゃにむに仕事をしていると、二日酔いのほうがいつの間にか飛んでゆく。

目の前にあるいやな仕事を眺めているだけではことが進まない。むしろますます、いやさがつのり、手をつけにくくなる。

同じように、目の前にあるいやなものは、直ちにやっつける方がいいというより、直ちにやっつけるほかにないのである。目を逸《そ》らしてもはじまらない。

いまある課題をやり抜くと評価が上がる

やりたいことがある。しかし、いましなければならない課題がある。この課題をなしとげても、少しもやりたいこととつながらない。じゃあ、この課題を忌避した方がいいのか？　こんな風に考えてみよう。

やりたいことは、逃げない。いつでもやれる。だから、この目の前にある課題をさっさと片づけよう。できるならば、きれいさっぱり、この上なく上出来に片づけたいものだ。

片づけなければ、第一、課題は残ったままだ。ますますやりにくくなるだけだ。第二に、嫌々ながらすると、仕上がりが悪くなる。時には、しなかったほうがましだという結果になる。いずれの場合も、評価を下げるのだ。

逆に、与えられた課題を懸命にやりぬくと評価がでる。一つは、なにごとに対しても懸命にやるというガッツが買われる。第二に、仕上がりがいいと、能力評価が上がる。しかし、この二つが与えられなくとも、やり抜くことで、技術と能力とガッツが身につく。どんな困難に対しても持続力と集中力をもって立ち向かうことができるようになる。

結局、やりたいことをやり抜く力を獲得することになる。そうは思わないだろうか。

これはあらゆる仕事に当てはまる。こういう姿勢がなければ、好きなことだけを選んでしようとする性向の人には、やりたいことをやり抜く力はいつまでたってもやってこない。

いま与えられた課題をやり抜くとガッツがつく

とりわけ重要なのは、どんなにつまらなさそうに思える課題でも避けずに、正面からぶちあたると、ガッツが身につくことだ。「ガッツ」(guts)とは「腸」のことで、ラケットの「ガット」、ホルモンの「ガツ」も「腸」である。転じて、勇気、気概《きがい》のことだ。

勇気や気概は、教えられても、本で読んでも身につかない。筋肉と同じで、困難という負荷をかけられないと生まれない。

与えられた課題がつまらない。御免被る。もっとやりたい仕事がしたい。こういう人は、ほとんどいい仕事をしていない。さらにいうと、いい仕事さえやってこない。

いやだといって仕事選びをする人には、いい仕事がやってこないことが多い。皮肉なことに、いい仕事がやってこないから、ますます能力を発揮するチャンスを失う。評価がいつまでも生まれない。評価が出ないから、いつまでもうだつが上がらず、不満屋で終わってしまう。もちろん、リストラの候補者になる。

「こんなダサイ仕事を、こんなダサイ中年オジンの下で、どうしてしなければならないのか」という若者よ、「おまえの心根がダサイ」のだ。

9·3 与えられた課題で成果が出ると、何ができるか、何がしたいかが見えてくる

カントの霧の中を歩いていると、ヘーゲルが開けてきた

私は、大学三年時、専門課程に進んで哲学科の倫理学講座に入った。開口一番

開講一番、先生が厳命したのは、「カントの『純粋理性批判』を対象に卒業論文を書きなさい。それ以外では、卒業はさせるが、大学院の入学は許さない」だった。

カントの主著は、一〇〇〇頁以上ある。ドイツ語、それもドイツ人にだって難解なドイツ語で、読むだけで大変だった。しかも、内容が難しい。何が書かれているのか、全然わからない。

しかし、カントを課題にしなければ卒業できない。その上、カントの主著を読み抜いて、一定の水準の卒論が書けなければ、大学院に入学できない。読んだか読まなかったかは、卒論の試問で、何頁にどんなことが書いてあるか、このキイワードはどこに出てくるか、などということが聞かれる。

「最低でも、二年間に三回読みなさい」と教授はいう。実際は、一回と半分ほどしか読めなかった。正直にその旨を申告した。

そして、大学院に入って二年間、またカントの勉強である。今度は修士論文を書かなければならない。もううんざりだった。しかも、カントの思考法が好きになれない。

ところが、カントをやればやるほど、カントを批判して新しい哲学体系をうちたてたヘーゲルが、ちらちらする。与えられた課題を無我夢中でやっていると、カントはいやだが、ヘーゲルこそやりたい、よしやるぞ、という意欲や新しい自分自身の課題が見えてくる。

四年間、いやな課題を背負わせてくれた相原信作教授に、いまでは感謝している。

やりたいことを見いだそうとひたすら追い求めると、やりたいことは姿を現さない

どんなことでも事情は同じだろう。

こんなことを自分からはしたくない。しかし、課せられた。逃げるわけにはゆかない。やり抜こう。こうは思っても、したくもないことをしているのだ。気持ちが引けて当然だろう。

そんな場合、自分が本当にしたいこと、するために必要なものを、あれでもない、これでもない、とどうしても考えざるをえなくなる。いまやっていることにどんなに一所懸命にぶち当たっても、あるいは、一所懸命にぶち当たれば当たるほど、これではない「別な何か」を強烈に志向せざるをえなくなる。これも自然の流れだ。

そうすると、おもしろいことに、ある時、フッとある「別な何か」の姿が、水平線上に現れて、どんどん近づいてくる。そして、その鮮明な姿を見せるのだ。これがお前が求めていた「やりたいこと」だよ、と啓示《けいじ》が下る。啓示だなどと大げさな言い方だと思うだろう。しかし、闇の中で灯《あか》りが点《とも》るように、本当に不意にやってくるのだ。

反対に、「やりたいこと」を見いだしたい。やりたいことを心おきなくやりたい。その一念だけに固まって、「やりたいこと」をひたすら追い求めれば追い求めるほど、「やりたいこと」は姿を現さない。姿を現す場合も、蜃気楼《しんきろう》のように現れ、「逃げ水」となってどんどん遠ざかる。ついに鮮明な姿を現さないのだ。

好き放題ができる不幸というものがある

自分から望み、周囲からも羨ましがられるような生き方を選んだ。じゃあ、幸福な人生が待っているだろうか？　必ずしもそうとはいえない。もう少しはっきりいえば、たいていは幸福な人生に恵まれないのだ。

一つは、出発点の問題だ。これがやりたいという地点から、自分の人生がはじまるとする。はじめからベリーグーである。後は、わき目を振らずこの道を進めばいい。幸せがどんどん膨らんでゆく。こういうようになるだろうか。実際は、そうではないだろう。この出発点が絶頂点で終わる、などという場合が多いのだ。たとえば、相思相愛、周りがうらやむ結婚がどんな経緯を取るか考えてみればいい。

もう一つは、意欲の問題だ。自分のやりたいようにできる。金も、地位も、名誉もつかもうと思えば、いつでも手にはいる。そんな境遇から人生を出発した人の経緯は、想像するに難くない。

なにごとにも全身全霊でぶつかる必要がなく、したがって、意欲が生まれない。満足感を得ることができない。あれをつまみ食いし、ここでちょっとたちどまるだけの、つねに中心軸のない人生が続く。辛抱を失った人間になってゆく。いらいら人生だ。

創業者オーナーの苦労を知らない、三代目たちの多くがたどる道ではないだろうか。

●事例9　自立した人生が待っている人

I子さんは四十八歳。子どもが二人いる。夫は普通の商社マン。若い時に一度会社勤めをしたことがあるが、子どもが出来てから、一貫して主婦だ。

I子さんは、いま与えられた課題、やらなければならない課題をひとつひとつきちっとやることができる几帳面《きちょうめん》な性格をもっている。

きちきちっとやる人の中には、性癖というか、病的なくらい神経質な人がいる。塵《ちり》ひとつ落ちていても、窓ガラスが少し汚れていても気が気でないという人だ。I子さんはそういうタイプではない。今日できなければ、明日やればいいと思う。しかし、その日のうちに実に正確に片づけてしまう。

それにいいのは、他人を巻き込まないことだ。自分の目の前にある仕事は、まず自分でやる。ゴミの山が目の前にあったら、ひとつひとつ仕分けして丁寧に捨てにゆく。そういうことができる人である。

こういう人は、自分のやりたいことを見つける努力をしない。そうしなくとも、やりたいことが自然と見つかっていく。いまやっていることの中から、さまざまな技術や知識を学び、蓄積してゆく。

I子さんは二十代にはほとんど本を読まなかった。読む必要がなかった。三十代になって、自分の日常の仕事をもう少しだけうまくやれたらなあ、という気持ちで、農業の本、家事の本、栄養の本、病気の本などを読み出す。けっして徹底的、偏執的に学ぶのではない。必要最小限のことを本から学び、実行してゆく。

そうやっているうちに、農作業も、料理をはじめとする家事万端も、プロ並みの物知りと腕前をもつようになる。その中で自分の得意分野ができあがり、自分のやりたいことになってゆく。それをやっていて楽しい。

I子さんは、いわば家事専業のプロになったのだ。ライセンスを与えたいほどだ。当然、時間の余裕ができる。その時間の余裕を、子どもの時から不得意で、一生できずに終わると思っていた苦手の克服に取りかかる。スケートだ。まずはサーキットトレーニングからはじまる。スケート靴をはいただけで、転ぶ姿を予想し、立ち上がると、足がすくみ、転んだ。スケート靴をはくまで三カ月、筋力トレーニングと、床スケーティング指導が終わり、靴をはいて、立ち上がった。二本の足でしっかり立っている。……スケートは今彼女の最大の宝になっている。

もし若い賢明な方たちが自分のやりたいことをみつけようとするならば、I子さんのようにするといい。目の前にあるものをきちっと仕上げていく。可能な限り、最初は、手を抜かない。そのうちに、手を抜いてはいけない部分と、抜いてもいい部分が区別できるようになる。その手を抜かない部分が自分のやりたいことになる。

I子さんのような生き方のスタイルが身につくと、人生は楽しいだろう。お金があって、美人で、夫も素晴らしいというのもいいだろう。しかし、豊かでなくても、自分の仕事で自立できるほどの知識と技術を身につける。余裕も生まれ、その部分を、趣味や新しい課題に振り向けることができる。

こういう人を自立した人というのではないだろうか。自立した人生を前方にもっている人である。

PART 10

やりたいことは、どんどん変わっていい

やりたいことが見つかる。それを大事にして、慈しんで、どんどん成果をあげていく。重要なことだ。ひとつのことをやり遂げた人は、すっきりしていて、見ていて本当に気持ちがいい。

しかし、人間の一生を考えると、八十年の間、何度も変化があるものだ。変化があって当然だ。

人間が成長し、変化するだけではない。時代も変わる。社会状況がどんどん変わる。時代や社会の変化に合わせて、流行する思想も変わる。価値観が変わる。企業のあり方、仕事の意味、人間のつきあい方、好み、家族関係等、大きく変わる。

自分から変わろうと思わなくとも、かつて自分を保護してくれた両親がいなくなる。また慈しんだ子どもたちが自分のまわりからいなくなる。若いときの友達もほとんど姿を消す。新しい友達ができる。そして新しい環境が生まれ、新しい生き方が要求される。おそらく、百年前に比べると、社会と個人の変化のスピードは、何十倍にもなる。

こう考えると、はっきりしたやりたいことがあっても、それを一生涯やりぬくということは、むしろ稀だといっていいだろう。

10・1 やりたいことがどんどん増える

すてきな人ほど変身する

人の人生は、やりたいことを探し、それにたどり着き、全力をあげて取り組んだら、その他もろもろがどんどん消えてゆく、と考えられてきた。はたしてそうだろうか。

自分の周囲から、これまで存在していたものがどんどん消えてゆく。しかし、自分のやりたいことがどんどん増えていく。「変化」というのはこういう性質のものだ。

これが人生の、少なくとも充実した、悦びに満ちた人生の実相だろう。やったことが、ひとつひとつ実を結び、その上にまた新しいものが積み重なっていく。

だれでも、晩年は葉も花も実も落ちて、枯れる、という。そうだろうか。しかし、活気のある人の人生を見ると、好奇心が旺盛で、やりたいことがあうごとに増えている。言動、興味、スタイル等が変化に富んでいる。

一つのことをやり抜くのでさえ容易ではない。ましてや、三つ、四つ、あるいは、二桁になると、どれも中途半端になる、といわれるかもしれない。たしかに、中心的な関心を一つに集中することが大切だ。しかし、一つをやると、二つ目は、二分の一の労力しか必要でなくなる。三つ目は、四分の一のエネルギーでよくなる。

「捨てる技術!」を考え違いするな

「捨てる技術!」が注目されている。しかし、捨てる前に、まず蓄積しなければならない。家財道具なら、使えなくなれば捨てるより他ないだろう。しかし、知識や技術は、捨てても、蓄積される。凝縮された形で残る。たしかに新しい知識や技術に取って代わられる。しかし、古いものは新しいものに吸収合併され、リストラ(再構築)されるのである。その時、古いものをはじめて捨てることができたといえるのだ。

捨てるということと、洗練するということは、似ている。どちらも余分なものを落とすことだ。シンプル・イズ・ベストである。

しかし、捨てることと洗練が異なるのは、洗練がどんどん濃くなってゆくことだ。切り捨てではなく、エキスとして吸収するのである。

人間は、自分がやりたいと思ったことを捨てることができても、捨てきれないのだ。やりたいことが変化するというのは、やりたいことの蓄積が増すということだ。

あれもできる、これもできる、というのを器用貧乏という。しかし、一つのことができると、それに関連したことができるようになる。関心が広がる。能力が増し、余力を別なことに回すことができるようになるし、その関連したことでまた拡がっていくものだ。

捨てることが蓄積することなのだ

さらにいえば、どんどん捨てなければ、蓄積が増さず、パワーが上がらないのである。

捨てるのは、純粋シンプルになるためではない。多様性を抱え込んだシンプルになることだ。デカルトのような複雑怪奇な思考と、デカルト哲学のシンプルな性格は、矛盾しない。むしろ、両者は、背中合わせ状態になっているのである。

インプット(入力)がなければ、アウトプット(出力)は生まれない。しかし、どんどんインプットし、どんどんアウトプットしなければ、能力の拡大はない。

どんなに楽しい仕事でも、やり続けていると、しんどくなる。倦み疲れる。そんな場合、同じ内容の仕事でも、職場が変わると、活力が戻ってくる。遠隔地に移されると、気分一新する。

仕事の内容が変わったら、再び、インプットが増える。アウトプットに拍車《はくしゃ》がかかる。

だから、意識的、半ば周期的に、仕事の内容、やり方のスタイル、働く場所を変えることを勧める。

更新、再生というのは、捨てることにはじまる。そして、捨てることは、新たに蓄積の第一歩なのである。

やりたいことが増えるし、またやりたいことを増やしていかなければならない。これが成熟した人生だと思う。

10・2 やりたいことがどんどん少なくなる

やりたいことがなくなると、人間はばたばたしだす

とはいっても、人生を経る中で、本当にやりたいこと、中心になることはやはり少なくなる。そう考えたらいい。

老いてますます盛んという人でも、あれもこれもできなくなる。あるいは、これぞというもの、本領分ができてきて、自分も周囲も、他のものを期待しなくなる。やりたくとも、別なことをしにくくなる。これが老成だろう。経験を積んで、ひとかどのこと（サムシング）をなしえたひとかどの人物（サムボディ）ができあがる。こうなりえたらいいだろう。

しかし、老醜ということもまた避けがたい。やりたいことがあって、そのもろもろを自在にこなしてきた人にほど、顔ばかりでなく、心にもばたばたとしたところが現れる。原因は、やろうとすることとできることのギャップを直視し、できもしないことを断念することができないからだ。いってみれば、自分に見切りをつけること、「引退」ができないのである。大手スーパーマーケットの創業者オーナーなどがその典型で、会社も、自身も、どんどん坂道を転げ落ちていっても、ブレーキをかけることができない。

やれることがなくなると、できることがなくなると、過去の実績にすがるというのも致し方のないありかただ。周囲や社会から十分に評価されてきた。それは過去のものだ。現在は、さらに形ある「評価」がほしい。いわば「勲章」がほしくなるのだ。非難すべきことではないが、これを程度を超してほしがると、やはり醜い。その心底には、自分は正当な評価を受けていない、受けて当然だということがあるからだ。

心残りがあっても、リタイアーしよう。しかし、ギブアップする必要はない

昨日までやりたかったのに、今日は少しも心が向かない。去年まで熱中していたことが、今年はほた火も残っていない。それでも、やりたいことがある。手放せないことがある。スーパーの創業者の執念は、第三者から見れば、老醜に映る。

しかし、自分のやりたいことがある、それをやりとげたいという熱度がある、ということは、やはり「壮」、すばらしいことと見なければならない。ましてや、寿命が百歳時代を迎えるかもしれないのである。八十くらいでリタイアーし、ギブアップするわけにはゆかない。

ただし、自分がやりたかったこと、やってきたことにだれもが見切りをつけなければならない時期が来る。リタイアーしよう。しかし、ギブアップする必要はない。

その時、自分の中になにごとかをなしたいという思いが燃え続けているなら、ギブアップはできない。する必要もない。ただし、これまでやってきたことの延長で、ことをなしてゆこうとしないのが賢明である。別領域を探す方がいい。まったくの異領域でなくともいい。自分の中に、別な人間を発見することができたら、すばらしいことになる。別な人間といっても、別なことができる人間のことだ。

ものみななく――寂兮《せきとして》寥兮《りょうとして》

それでも、残念ではあるが、「人生は長く、芸術は短い」のである。「芸術」(アート)とは技能のことで、技能が途絶え、ギブアップしなければならないときがやってくる。生涯現役のままで終わる人は、幸せの極みだろう。

これはだれにとっても仕方のないことだ。それでも、やりたいことをやった。できた。少なくともやろうとした。これでいいではないか。これで、お仕舞い。仕事終わり。完全リタイアー。こう思えたらどんなにいいだろう。なに、最後は呆《ぼ》けて、なにもわからなくなるから、どうなろうと同じだ、というかもしれない。だが、呆けるは惚《ぼ》けるだ。恍惚《こうこつ》状態で、見境がつかなくなる。形も色も見分けがなくなる。喜怒哀楽の判別がなくなる。

「ものみななく」は、大庭みな子の小説名にあるように、寂兮寥兮《せきとしてりょうとして》である。これは、一見して、一寸以上に悲しい。しかし、寂滅為楽《じゃくめついらく》なのだ。生きながらにして生死の苦を脱した涅槃《ねはん》の境地にいることで、幸福の極みに達した、ということもできる。ゲーテのように、「もっと光を！」というより、カントのように、「これでいい！」のほうが、私は好きだ。

10・3 やりたいこととは、その時やっていることだ

やりたいことに、過去、現在、未来がある

繰り返しいってきたように、「やりたいこと」とはいまこの時やっていることである。たんなる願望、気持ちのあり方をいっているのではない。来年はこうやりたい。十年後にはこうなっていたい。これは願望だ。去年はこんなに楽しかった。十年前はやりたい放題ができたのになー。これはすでに味わった「残り」である。大切なものだが、記憶にすぎない。

よき記憶の上によき現在があり、よき現在の上によき未来がある。こうであると、どんなに幸いだろう。しかし、稀ではない。運の問題ではない。

これも何度も強調したように、現在を賢明に生きると、過去を振り返る必要がなくなる。過去の記憶は、記憶として懐かしく残るだけだ。未来に不安を抱く必要はなくなる。未来はまだやってきていないからだ。

現在の延長線上に、未来を描く必要もない。やがて来るべき時には、今やっていることとは違うことをやりたい、と思うと、武者震いがする。過去にぶら下がり、現在にぶら下がるという気分をまず取り払うことだ。そして、未来のための第一歩を、「現在」にしるそう。

やりたいことを振り捨てる知恵

次の仕事、次のポスト、次の身の置き所が定まったら、転身できる。これが普通のスタイルだろう。しかし、転身、変身するためには、まずいまの仕事、いまのポスト、いまの居場所を捨てることが肝心なのだ。あえて冒険する、背水の陣を敷くほどの気構えがいる。むしろ、こんな風にいったほうがわかりやすいだろう。

あるひとつのことを身につけ、その技能と成果で評価される。それをやっていることがたまらなく愛おしい。手放しがたい。しかし、ある段階に達したら、それがどんなに手になじんだものでも、心おきないものになったとしても、ひとまずはさようならをする必要がある。「昔の名前で出ています」になりたくなかったらである。これには本物の勇気が必要だ。

坂本竜馬は、やっとひとかどの剣士になったと自覚したとき、剣術家になることを断念し、革命（政治運動）に身を投じた。ずいぶん遅れた参入である。これが司馬遼太郎の竜馬像の要である。

「前心・身」を捨てる。だれにでもできるわけではないが、これはそんなに難しくない。

「現心・身」を捨てる。やりたいことをやっている途上で捨ててはならない。頂点で捨てる。これは難しい。しかし、捨てることができれば、あるいは、少なくとも、頂点で捨てようという決断ができれば、新しい道、新たなやりたいことを発見するチャンス（契機）が生まれる。

生腐れ状態で、人生を送りたくない、あなたへ

やりたいことを見つけたい。なかなか見つからない。やりたいことがみつかった。しかし、とりかかれない。やっとはじめたが、生煮え状態のままだ。生腐れになりかねない。

こういう場合、失うものが何もないから、きれいさっぱり「前心・身」を捨てることができるか？　心が後に残り、後ろ髪が引かれ、なかなか捨て去ることができないのである。「ライフワーク」などといっているものの大半は、生腐れ状態のもののことである。

たとえ、与えられたもの、強制されたものでも、いまやっていることのなかに、やりたいことのカケラを見いだすことはできる。懸命にはげめば、少なくとも、技能やガッツが身につく。知・体・気力ができてくると、やりたいことの輪郭がはっきりしてくる。それだけでなく、すでにやりたいことをする力が備わってきている。

私が本書であなた方に伝えたかったことは、じつに簡単なことだ。「いま」やっていることに全力を尽くせ、だからだ。なんだそんなことを、と思うあなた。いまからはじめてみるといい。来年のあなたは、三年後のあなたは、きっと、やりたいことを、少なくともやりたいことの輪郭くらいはつかんでいるだろう。それがつかめたら、間をおかず、全力でやりたいことができるだろう。

●事例10 やりたいことを思うがままにでき、その成果が、正当に評価される時代がやってきた

J子さんは四十七歳。独身である。従業員三〇〇名ほどの中堅会社の営業をずっと続けてきた。とにかく仕事熱心。ただし、自分のやりたいようにやる。周囲の声なんか気にしない。こういうタイプの人は、会社の組織のなかでは少しいづらい。反発も多い。だからどんなに成績がよくても、彼女の評価は全体としては低いところにおかれる。

しかし、彼女はそんな評価を気にしない。男性であれ女性であれ、「彼女は仕事ができる人だ」と認めざるを得ない雰囲気が暗黙のうちにできあがっている。

二十代、三十代、彼女は一見してわがままなスタイルを通してきた。小さ

く固まらない。自分で方針を出したらそれを貫く。組織の秩序となじまない「こまったちゃん」である。

ところが日本全部が不景気になる。これまでのような日本型組織のあり方、融和方式が問われる。「みんなが大事」という集団主義的マナー、みんなで相応に分担し、相応に仕事をし、相応に分配するという方式だけでは通用しにくくなる。

仕事ができる人間が、引っ張っていき、全体のレベルをあげることが重要になってくる。ついてこられない人はいる。その人には、その力に応じた仕事と分配がゆく。平均値に倣えではなく、突出したところに習え、ということだ。

J子さんの会社もそうせざるをえない。いままでトップの成績であっても、ずっと平社員だった彼女が、五十数人いる営業のトップに立たざるをえなくなる。

彼女は、これまで、目立った。スタイルも生き方も、ものの考え方もマナーも全部含めて、彼女は自分のやりたいようにやってきた。そしてどんどん自分の力をつけていった。十年経ち、二十年経つと、組織から突出する。集団主義的な日本の組織のあり方からいうと、彼女は突出しすぎて、遠ざけられ、孤立する。彼女自身、孤立を望んでいたかのようだ。

ところがここにきて、彼女を抜擢しなければ、会社自体が前に進まない。そういう時代になったのだ。彼女は競争を好むわけではない。評価を得たいわけでもない。自分のやりたいようにやってきただけである。そしてなによりも一番いいのは、いまやっていることが楽しくてたまらないということだ。それは誰がどういおうと、自分のやりたいようにやっていることの核心にあることだ。だから、彼女は不満屋にならなかった。

自分の現にやっていることが、やりたいことである。ストレスは少ない。自分の赴くままにやっていると、評価は低くても無視できる。給料が同期生と同じでも、マいいか、と思える。

彼女にしてみれば、やりたいことをやって、しかも給料をもらえる。楽しくてたまらない。評価とかポストとかは付録だ。

彼女は、トップになったいまでも、やりかたを変えていない。私は管理職。みなさん私についておいで。そんなことはいわない。自分をモデルにしたければ、どうぞ、というふうに振る舞っている。

こういう生き方は、男性であろうが女性であろうが素敵じゃないだろうか。やっとこういう人が評価される時代になったのだ。あなたも、J子さんを見習ってみたらどうだろう。

本書は、書き下ろし作品です。

著者紹介

鷲田小彌太（わしだ　こやた）

1942年、札幌市生まれ。大阪大学文学部哲学科卒業後、同大学院博士課程修了。三重短期大学教授を経て、現在、札幌大学教授。哲学、倫理学を担当。『ヘーゲル「法哲学」研究序説』（新泉社、75年）以降、スピノザ、マルクス等の西欧哲学思想を中核に、意欲作を発表。哲学こそ、森羅万象を対象とする好奇心の学であるとし、思考術、読書術、福祉論、歴史に至るまで、執筆ジャンルを果敢に広げている。著書は百冊近くになる。

PHP文庫　「やりたいこと」がわからない人たちへ
人生にとって「仕事」とは何か？

2001年5月15日　第1版第1刷

著　者　鷲田小彌太
発行者　江口克彦
発行所　PHP研究所
東京本部　〒102-8331 千代田区三番町3番地10
文庫出版部　☎03-3239-6259
普及一部　☎03-3239-6233
京都本部　〒601-8411 京都市南区西九条北ノ内町11
PHP INTERFACE　http://www.php.co.jp/
制作協力
組　版　PHPエディターズ・グループ
印刷所
製本所　大日本印刷株式会社

ISBN4-569-57550-1